iMPULSO
EL DESPERTAR

ALBERTO PARK

MORLIS
BOOKS

Impulso: El Despertar

Edición: Morlis Books™
Diseño de Portada: Barker & Jules Books™
Diseño de Interiores: María Elisa Almanza | Barker & Jules Books™

Primera edición - 2020
© 2020, José Alberto Herrera Park

I.S.B.N. | 978-1-64789-118-3
I.S.B.N. eBook | 978-1-64789-119-0

BARKER & JULES, LLC
2248 Meridian Blvd. Ste. H, Minden, NV 89423
barkerandjules.com

A mi compañera y esposa Arianna, sin importar que, siempre me acompaña en todas mis locuras.

A mis hermosas hijas Arianna y Allegra, por traer luz y más alegría a mi vida.

A mis padres Agustín y Yolanda,

ÍNDICE

Sueños de otro tiempo   9

El accidente   47

Charlie   53

El briefing de Jack   61

Reportándose al deber   75

Extracción fallida   81

El gran plan   91

Salvando a Thalos Dos   106

La clave   110

El Orbe   120

La misión   128

El resonar de Agartha   145

Sueños de otro tiempo

Todo se encuentra obscuro y silencioso.

— Desperté súbitamente con el estruendo de la explosión en una extraña y brillante habitación vacía. Tenía un zumbido en mi cabeza, seguía desorientado intentando ver qué sucedía, y de dónde surgía el sonido. Caminaba zigzagueando hasta poder apoyar mi brazo sobre la pared y me conduje hacia la luz más cercana. Al mirar por la ventana pude ver la imagen más surreal y bizarra que hubiera imaginado. Había explotado una nave que orbitaba la Tierra. Yo me encontraba observando todo desde una inmensa nave cerca de la Luna.

A mi alrededor todo era caos, destellos, una guerra se estaba desatando y lo único que puedo hacer es cerrar los ojos. Y eso es todo lo que puedo recordar.

Después de una breve una pausa con Scott abre los ojos. Él se encuentra en el consultorio del psicólogo PhD Leonard Stanton, en la calle Broadway de Nueva York. El doctor Leonard es un renombrado psicólogo al que Scott ha visitado desde hace unos pocos meses.

Su consultorio está bellamente decorado, en el fondo se podía escuchar música relajante de piano con ondas binaurales de uno a cuatro hercios, que sirven para estimular las ondas delta e inducir el sueño. Era una bella pieza de Chopin.

Se encontraba recostado sobre un sillón de piel color café muy cómodo, aunque pequeño para su tamaño. Scott medía un metro noventa y tenía que dejar los pies de lado para poder recostarse.

—¿Tuvo pesadillas nuevamente?

El doctor Leonard sostenía en su mano una stylus que utilizaba para realizaba sus anotaciones. Tenía una tableta que tenía sobre sus piernas ya con varias notas sobre lo que escuchaba en los recuerdos de Scott. Parecía extrañado por las historias que contaba.

En las visitas anteriores Scott contaba historias muy increíbles acerca de otros mundos, viajes a otros planetas, guerras interplanetarias y comercio entre razas de otros mundos.

En sus notas, para formar el perfil psicológico de Scott tenían referencias a delirio de persecución, ansiedad, trastorno del sueño, mitómano y anotaciones sobre los posibles detonantes que incluían: trabajo excesivo, miedo al compromiso y series de tv sobre ufología y conspiraciones.

— Al iniciar la mañana del día de hoy recordé otro extraño sueño, es un sueño recurrente; el mismo que me persigue desde la infancia. — Scott pensó que había superado esa etapa.

A veces recuerdo muchos mundos, planetas flotando en el espacio con más de una luna orbitándolos, criaturas muy distintas a las que existen en la Tierra, veo a seres conviviendo en paz y en ocasiones veo guerras en el espacio. He tenido ataques de ansiedad últimamente y por eso vine con usted, estoy suponiendo que tiene que ver con los sueños de estos días.

—¿Y qué crees detona esos ataques de ansiedad Scott? ¿Si has continuado con los ejercicios que te recomendé?

—La verdad no. Eso de meditar no es lo mío. Lo he intentado, pero llego tan cansado del trabajo que, si comienzo a meditar, no tardo en quedarme dormido.

—¿Sigues viendo series de conspiraciones y extraterrestres?

—Si. Pero en verdad ya no como antes. Y veo más documentales que series. En el trabajo ya no hago búsquedas sobre aliens y conspiraciones.

El doctor Leonard tenía un sutil tono de voz que irradiaba confianza, aunque tenía apenas cuarenta años, parecía ser muy sabio. El uso de las pausas y silencios hacían que las sesiones fueran muy tranquilas y sin ningún tipo presión para dar una respuesta forzada. Scott se sentía bien al estar en sesión.

—Dime Scott. ¿Qué te hace pensar que estos sueños son los causantes de tu ansiedad? ¿Hay algo en particular que te haga sentir impaciente, ansioso o con temor?

—No lo sé doctor. Tengo una idea, pero no quiero sonar como un loco.

—El hecho pensar que estás loco, habla de cuan cuerdo estás. Un loco en su locura, no sabe que está loco. Así anda, dime cuál es la idea que tienes.

—Cuando de niño tenía estos sueños, yo veía las cosas en primera persona, pero en ventanas, espejos y otros reflejos veía a un adulto. En ese entonces era algo irrelevante. Era sólo un sueño, pero ahora me doy cuenta que ese adulto se ve exactamente igual a como yo me veo ahora y me hace pensar que más que un sueño pueda ser una premonición. Y como no tengo planeado salir al espacio esta semana, me hace pensar que me estoy volviendo loco.

—El humor es un buen síntoma de lo cuerdo que estás. Sólo tenemos que seguir buscando qué es lo que te provoca ansiedad. Ya llegaremos ahí, no te preocupes. — El doctor Leonard tomó sus últimas notas para finalizar la sesión. Acomodó su tableta en la mesita de té que tenía junto a su cómodo sillón de piel. — Ya se terminó el tiempo, por favor regresa la próxima semana, llámame si los ataques de ansiedad continúan, quizás sea necesario pedirle a un psiquiatra una cita para medicarte contra la ansiedad.

—Gracias Doctor. Espero que no sea necesario.

El doctor se despidió de Scott y regresó a su sillón para continuar con algunas anotaciones. Escribió: *Los ataques de ansiedad no parecen estar relacionados al estrés laboral o la dinámica familiar. Están relacionados a un bloqueo psicológico, quizás sea memoria selectiva, algún trauma generado en su niñez que su mente trata de omitir para evitarle sufrimiento.*

Era un día hermoso en Nueva York, ruidoso como de costumbre, pero hoy se respiraba un aire fresco y el sol brillaba para alegrar el día de cualquiera que pusiera atención.

Scott salió del consultorio pensando que quizás no era buena idea decirle a su esposa Sarah sobre esta visita al psicólogo. No quería alarmarla en vano, además, lo más probable es que los ataques de ansiedad simplemente desaparecerían.

Scott es analista de riesgos en una respetable firma contable de Nueva York. No es una persona popular, sin embargo, se puede decir que es de las personas que definitivamente quieres en tu equipo. Es muy brillante y analítico. Piensa en las opciones y alternativas que pocos pueden, siempre ve el bosque en lugar de enfocarse en el árbol y esto le ayudó a colocarse como el director del departamento de riesgo. En lo que respecta a su vida personal, se podría decir que es un americano promedio, nunca ha destacado en algo además de su capacidad de análisis, siempre quiso tener su negocio propio, pero la simple idea de comenzar una empresa no es algo en sus planes a corto plazo.

Desde la universidad ha buscado sobresalir, pero no es de las personas que brille por ser un líder, tampoco es una persona atlética. Su matrimonio es feliz la mayor parte del tiempo, desde su matrimonio disfrutan de una sana relación, sólo que últimamente han tenido algunas complicaciones y se sienten estancados.

Sarah y Scott viven en una casa de tres habitaciones, eligieron esa casa hace casi tres años para poder iniciar una vida juntos en donde mantienen un estilo de vida sencillo y modesto.

Scott vive en el número 249 de la calle 45 en Nueva York. Una casa amarilla de dos pisos con un sótano que utilizan como su cuarto de visitas. En la parte exterior tiene una terraza de concreto rodeada por una pequeña barda de un metro de altura. Al llegar a casa estacionó su auto en la acera de enfrente y cruzo la calle accediendo por la pequeña reja de entrada y subió los cinco escalones antes de entrar por la puerta.

—Hola cielo. ¿Cómo estuvo el trabajo? — dijo Sarah.

—Ya sabes, lo mismo de siempre. — Scott se veía un poco disperso y distraído.

—Llegas tarde, ¿Sucedió algo?

—Si, tuvimos que realizar una auditoría a una empresa de bienes raíces, ya sabes cómo es. Tiene que ser sorpresivo.

— Las auditorías eran una práctica habitual en la empresa de Scott, sin embargo, no es algo en lo que un analista de riesgo tenga que participar. Pero estaba seguro que Sarah no preguntaría más si aludía a un compromiso laboral.

—Prepararé la cena, ¿quieres quedarte en la cocina para platicar?

—Claro. — Scott sabía hacia donde iría esa plática exactamente y no deseaba tener esa conversación en ese momento.

Sarah es una joven simplemente hermosa, desde la universidad tenía un atractiva difícil de ignorar. Es el tipo de mujer que congela el tiempo mientras camina y tiene su propio campo gravitacional que te atrapa y te atrae al mismo tiempo. Casi nunca utiliza maquillaje, en verdad no lo necesita con su belleza natural, sus pómulos se marcan cuando sonríe haciendo que el lunar de su mejilla derecha se alce.

Scott estaba locamente enamorado de Sarah desde que la conoció por primera vez en la universidad, de hecho, el conquistar a Sarah es lo único por lo que verdaderamente se esforzó. No podía concebir una vida entera sin estar a su lado, así que siempre buscaba una forma de estar cerca de ella.

Incluso hoy, la razón por la que fue al psicólogo, es porque quiere estar bien, para estar bien con Sarah.

Esta tarde Sarah tenía puesto un sensual vestido de rojo que hacía buen juego con sus zapatos rojos de tacón y hacían lucir su nuevo corte de cabello, este era más corto de lo habitual, pero con un estilo moderno, era obvio que estaba arreglada para Scott.

—Me gustaría hablar de algo importante contigo. Hemos evitado el tema mucho tiempo y creo que ya es tiempo de dar el siguiente paso Scott. Quiero tener hijos, quiero ser mamá.

—Lo sé Sarah, créeme, sé que es muy importante para ti, y en serio, lo es también para mí, pero no me he sentido bien. El trabajo es abrumador, y tenemos muchos gastos, creo que no es el mejor momento, si esperamos más…

—Lo siento Scott, ya esperé tres años, y se me está acabando el tiempo, no creo poder continuar así, te amo, pero quiero ser madre. — El tiempo no se le acaba tanto como la paciencia, ya que tenía tan sólo veintiocho años, pero su mayor deseo era tener hijos y ser mamá.

—Lo lamento Sarah. ¡Sarah, no te vayas! — Scott intentó alcanzarla y tomarla del brazo, pero no tenía mucho que decir, así que prefirió dejarla ir.

Sarah es una brillante joven que se dedica profesionalmente a la decoración de interiores. Los clientes con los que ha estado trabajado últimamente, lo han hecho por un par de años de consecutivos y le han dado muchos proyectos, así que decidió cerrar su local en el centro de Nueva York.

También tiene pequeños proyectos de remodelación y diseño de habitaciones para familiar adineradas de los suburbios, pero en esta generación de milenials, habitualmente la contactan por redes sociales. Eso sumado a las recomendaciones de boca a boca que obtiene por la gran calidad, el profesionalismo y el buen gusto de su trabajo, la han hecho tener un gran número de ofertas.

Es una mujer dedicada que ama su trabajo. Dedica muchas horas al día haciendo benchmarking en sitios de diseñadores de interiores de todo el mundo, sitios inspiraciones, tendencias de moda y arquitectura para poder entender el panorama completo de su enfoque postmoderno.

Es una tarea titánica para una sola persona, son tantas cosas las que tiene hacer que se ha vuelto necesario contratar un asistente y un diseñador. Y está ahora en el punto en que puede expandirse o dejar ir ese proyecto si es que Scott acepta tener hijos ahora.

La frustración de Sarah es muy grande. Tiene la oportunidad de ser exitosa en lo que ama, pero le apasiona más la idea de ser madre y para ello, necesita del compromiso y convicción de Scott. Ha llegado a pensar que está justo a tiempo de dejarlo y buscar a alguien más con quién formar una familia. Pero siempre desiste de idea porque sabe que nadie más la amaría como Scott.

Esa tarde, luego de esa plática fugaz, que definitivamente no salió como había planeado. Sarah subió a su habitación para tomar una ducha caliente y acostarse a dormir.

Mientras tanto Scott se quedó frustrado en la cocina por no haber podido manejar bien la situación y por haber tenido que mentirle a Sarah.

Se acercó al refrigerador para tomar una cerveza de la nevera y con el sentimiento de un vacío en el pecho, salió a la terraza del frente y se sentó en los escalones para mirar las estrellas. Temía que empezara nuevamente un episodio de ansiedad.

Su mente comenzó a divagar y de pronto tuvo curiosidad por saber qué se sentirá ver la tierra desde el espacio, cuando un pensamiento racional cruzó su mente trayéndolo de vuelta a la realidad. Así que se decidió en subir a hablar con Sarah para decirle la verdad. Que había ha ido al psicólogo. Era hora de afrontar la realidad, lo que tenía que pasar, pasaría, pero haberle mentido a Sarah es algo que se prometió a sí mismo no hacer jamás, y ahora lo estaba haciendo. Es algo que había que corregir justo en ese momento. Estaba seguro que lo único que en verdad no quería, era perderla para siempre.

Sus amigos con hijos le habían platicado que la dicha de tener una familia, les hacía olvidarse de sus problemas. Scott pensó que quizás el tiempo y un hijo o una hija borrarían ese vacío que lo invadía todos los días y ese sentimiento de vivir una vida que no le pertenecía.

Así que luego de un par de tragos, miró su cerveza a la mitad y la dejó sobre la barra de la cocina para buscar a Sarah, pero al entrar a la recámara no esperaba encontrarla de esa manera.

—Sarah, ¿Estás bien? — Scott no sabía qué hacer, estaba asustado de ver a Sarah de ese modo.

—¿Qué pasa? Scott. ¿Por qué me despiertas así?

Sarah regresó suavemente de un estado profundo de ensoñación. Y se preguntaba por qué Scott la levantaría de ese modo tan brusco.

—Estabas sentada en la orilla de la cama con la boca abierta, te hablé, pero no me respondías, tus ojos estaban en blanco.

Scott con el ceño fruncido la veía con seria preocupación, nunca había visto a Sarah así, la encontró estaba temblando con las manos entumidas y parecía tener una apoplejía en el rostro. Era algo aterrador.

—No sé qué pasó. Salí de bañarme y me acosté a dormir. Tengo sueño y estoy muy cansada, me voy a dormir. Aún sigo molesta contigo y además… — Sarah miró el reloj despertador sobre el buró de la cama — ¿Son las 3:05 am?

—No puede ser, la hora debe estar mal, en cuanto subiste sólo bebí la mitad de una cerveza y subí para hablar contigo, deben ser las 10:30 de la noche a lo más.

—Sólo quiero dormir. Mañana hablamos.

La hora era algo irrelevante para Sarah. Estaba muy cansada, tanto que dejó de escuchar a Scott y se acomodó para dormir.

—Descansa, te prometo que hablaremos mañana. — Con un suspiro, se levantó de la cama.

Scott bajó a la cocina y tomó su cerveza nuevamente, estaba caliente al tacto. No debería ser, sólo había subido dos minutos. Revisó el reloj del horno de la cocina, marcaba las 3:08 am. Sintió que algo no estaba bien con la hora, pero tenía mucho en qué pensar, así que sólo encogió los hombros y subió a la cama.

A la mañana siguiente todo transcurrió con naturalidad para Scott. La misma aburrida rutina de levantarse, ducharse, desayunar e ir al trabajo.

Sarah pensó que en realidad Scott hablaría con ella por la mañana sobre el tema de tener hijos o cualquier otra cosa. Pero no fue así. Eso parecía decepcionarla cada vez más al punto de acercarla a tomar una decisión definitiva, pero no lo hizo ese día.

Ella había crecido en el núcleo de una familia de cuatro hijos y sentía que su vida necesitaba contagiarse de la alegría de un bebé. Y lo único que sucedía era que sólo se deprimía más cada día.

Así pasaron tres largas y tediosas semanas sin hablar del tema. Salían al cine, cenaban en restaurantes, visitaban a sus amigos, pero nada extraordinario sucedía en su dinámica social que pudiera llenar el vacío que sentía en su interior. El sexo no iba nada bien, y la pasión se extinguía.

Ella no dejaba de pensar que era un alma vieja dentro de sí y que estaba lista para poder sentar cabeza, aunque tan sólo tenía 28 años.

Un sábado cerca del medio día comenzó a sentirse mal y se recostó sobre el sillón un momento y continuó trabajando con su computadora luego de diez minutos. El mareo había pasado y pensó que debería ir a hacerse un estudio de la vista. Había pasado tanto tiempo en la computadora las últimas semanas que seguramente necesitaría lentes especiales para computadora.

Alrededor de las cuatro de la tarde volvió a sentirse mal, se dio cuenta que era un mareo constante pero no dejaba de tener náuseas y decidió llamar a Scott, quien estaba acostado en la sala viendo documentales de Sci-Fi.

—Scott, necesito que me lleves al doctor. — Sarah no sentía que fuera una emergencia, pero su instinto le decía que tenía que ir al doctor.

—¿Qué sucede? — Scott caminaba hacia ella con preocupación, Sarah era muy saludable y, a decir verdad, no recordaba la última vez que había enfermado. Pedirle que la llevara al doctor, era la primera vez.

—No me siento bien, tengo náuseas y me falta el aire. Estoy cansada y débil; me siento muy molesta en este instante. Debe ser algo hormonal.

—De acuerdo, llamare al hospital para avisar que vamos en camino.

Llegaron al hospital y la recepcionista le pidió a Sarah llenar una forma con información general ya que no se trataba de una emergencia médica.

Después de que la enfermera la pesara y tomara su presión arterial ambos ingresaron con el doctor Davis. Quien revisó los signos y le preguntó que la había llevado al hospital.

Sarah de manera muy breve le explicó cómo se sentía y el doctor le hizo una serie de preguntas sobre su estado anímico, su dieta, su vida sexual y su rutina para poder emitir un diagnóstico, sin embargo, todo parecía estar bien.

Le pidió que se realizara un par de análisis, particularmente una biometría hemática y análisis de orina para verificar si había alguna deficiencia renal, infección en vías urinarias o algún indicio que un bio-marcador puede mostrar y le pidió regresar en cuanto los tuviera.

Scott la llevó inmediatamente a tomarse la muestra de sangre y el domingo temprano llevaron la muestra de orina al laboratorio de análisis clínicos, quienes envían los resultados directamente al doctor Davis.

A las once de la mañana del lunes, Scott y Sarah se dirigían al hospital a ver al doctor Davis, casi no hablaron durante el trayecto.

Ambos esperaban sentados mientras los llamaban para entrar con el doctor Davis. De pronto, se acercó un hombre vestido de civil y encima una bata de doctor sin el logotipo del hospital, parecía una bata diferente. Tenía una tabla de expedientes en sus manos y venía directo a ellos.

—Hola soy el doctor Brown, adelante por favor. — El doctor Brown tenía un aspecto que daba mala espina, no es el estereotipo de doctor que te atiende en un hospital con cara amable, por el contrario, parecía doctor de película de terror.

—¿Qué sucede con el doctor Davis? — Scott mostró su incomodidad de inmediato.

—No se encuentra en la ciudad y yo atiendo a sus pacientes mientras tanto.

—Acabamos de hablar con él el día de ayer, nos dijo que él nos atendería. Nos pidió traer análisis de sangre con nosotros. El laboratorio ya se los envió — Scott se veía molesto, no parecía agradarle el aspecto sombrío del doctor ni su tono grave de su voz.

—Hoy por la mañana me llamó para avisarme que vendrían. ¿Y bien, qué los trae por aquí?

—Mi esposa no ha sentido bien. — Scott contestaba tajantemente expresando su desacuerdo de ser atendido por ese doctor.

—Bien. ¿Cuáles son sus síntomas? ¿Señora?... —preguntó el Dr. Brown mirando a Sarah directamente.

—Grant, pero puede llamarme Sarah. He tenido náuseas y me falta el aire, estoy cansada todo el día y cada cinco minutos cambio de humor. Pienso que puede ser algo hormonal. No he dormido mucho, últimamente he trabajo muchas horas seguidas con la computadora.

—Muy bien Sarah. Permítame ver los resultados de sus análisis por favor. Mmm, bien. — susurró el doctor mientras escudriñaba los resultados de los estudios, parecía tener dificultades al leerlos. — Suba a la cama por favor y descúbrase el abdomen, realizaré un ultrasonido de rutina, para ver que esté todo bien.

—No estoy embarazada, debe ser algo más, no hemos tenido relaciones en meses. — Sarah se percibía preocupada, sabía que los síntomas apuntaban a un embarazo, pero ella no había estado ni con Scott ni con nadie más en meses. Scott pensó que Sarah le había dado información de más al doctor.

—Es solo de rutina, los análisis muestran niveles inusuales en un bio-marcador, solo quiero corroborar. Es todo.

—Está bien. — Sarah pensó que ya estaba ahí, y aunque la mayoría de los síntomas habían desaparecido, los mareos no se iban. Fuera lo que fuera, tenía que dejarse revisar por el experto.

Sarah se descubrió el abdomen mientras realizaban el ultrasonido y volteo a ver a Scott, quien estaba muy serio pensando en miles de cosas, después de todo, era un analista de riesgos, seguro estaba pensando en miles de escenarios.

—¡Felicidades a ambos! Señora Grant usted está embarazada. — El Doctor Brown seguía hablando con su mirada dirigida hacia el monitor — Aquí se puede apreciar el saco gestacional, esto quiere decir que tiene aproximadamente 4 semanas, en un par de semanas más podrá verse el embrión más definido. Voy a retirar el gel y podrá bajar de la mesa. Por todo lo demás está sana, le recomiendo no ingerir bebidas alcohólicas y dejar de fumar.

La voz del doctor Brown se escuchaba en la lejanía, ahora lo único que existía en los oídos de Sarah y Scott era un zumbido y un crack. Incluso para Sarah cuyo deseo más ferviente es ser mamá, esta era una noticia que en verdad no esperaba, pero aún, so sabía cómo había sucedido.

—Por todo lo demás está sana, le recomiendo no ingerir bebidas alcohólicas y dejar de fumar.

—No fumo y no tomo doctor. — contestó Sarah con una voz casi imperceptible, mostrando a todas luces que era una noticia inesperada. Sólo miraba atónita a Scott quien le sostenía la mano con una sonrisa forzada.

—Excelente. Eso sería todo.

—Gracias doctor. — Scott sólo quería salir del hospital y subir al auto para poder enfrentar lo obvio, esa no era plática que se pudiera postergar. Los embarazos se hacen obvios con el tiempo.

—Vengan la próxima semana, el doctor Davis les dará seguimiento. Ya habrá regresado para entonces.

Caminaron por el pasillo los veinte metros más largos de su vida, ambos confundidos y esperando una respuesta. Siguieron en silencio sobre la acera en dirección al auto.

—¿Me podrías explicar lo que acaba de suceder? — Scott no podía mirar directamente a Sarah a los ojos, sólo miraba al piso y luego al cielo. Sabía que no quería escuchar una respuesta, pero natural tener que preguntar.

—No puedo explicártelo. Y sé lo que debes estar pensando, sé lo que parece, pero sabes que no he estado con nadie más. Sabes que jamás te engañaría.

—Y ¿cómo puedes tener un mes de embarazo? si no hemos tenido relaciones en meses. —

Scott se mostraba indignado, sintiéndose traicionado.

—Te acabo de decir que no lo sé. Llévame a casa por favor.

Ambos subieron al auto más silencioso del mundo camino a casa, el único sonido que se podía escuchar era el caucho de las llantas sobre el asfalto, incluso llegando a casa no pronunciaron ni un sonido, parecía que habían tenido la pelea del año, pero era más simple de lo que parecía. No había nada que decir que no fuese a herir al otro, y decidieron esperar un poco más.

Frustrado por no poder entender lo que estaba pasando, se quedó a ver la televisión en la sala. Abrió una cerveza y decidió no pensar por este día. Simplemente prendió la TV en su serie favorita para olvidarse del mundo, finalmente tenía ocho meses para pensar qué debería hacer.

Así estuvo cerca de una hora, mientras Sarah estaba sola en la habitación.

Sarah sentía miedo por no poder controlar la situación. No sabía si llamar a su madre o a su amiga Megan. De cualquier modo, qué les diría. *"Te llamo porque tengo miedo, parece que tengo un mes de embarazo y no he tenido sexo en meses. ¿Tú que me cuentas?"*.

Esta era una situación en las que la gente dice. Ten cuidado con lo que le pides al universo, quizás te lo dé. Y en efecto, aquello que Sarah más quería le fue dado, sólo que no en las circunstancias que ella hubiese querido. Se centró tanto en pedir un hijo y querer ser mamá, que dejó de lado el pensar en una familia, excluyendo de ese modo a Scott.

Sarah llegó a pensar que tal vez ella lo había provocado y era su culpa, porque no supo pedir al universo lo que quería en realidad.

La mente siempre habla, no descansa, y si te concentras en una idea, rápidamente te puede llevar a lugares muy obscuros o muy bellos. Todo depende quién está dirigiendo, si tu diriges la mente, o si la mente te dirige a ti. Sarah tomó un respiro y tomó las riendas de la mente nuevamente. Decidió que debería poner buena cara y quizás concentrarse más en formar su familia y reencontrarse con Scott, pero como siempre, es algo que haría mañana. No tenía intención de hacer nada más que tomar un baño e ir a la cama.

Una acostada y con menos estrés, se decidió a buscar artículos sobre cuidados durante el embarazo. Tomo su celular, comenzó a leer unas cuantas páginas y pronto se quedó dormida.

En la sala Scott vio con el rabillo del ojo su computadora portátil e imaginó que quizás no sería el único viviendo una situación extraña como esta y como no quería pensar en ello, buscaría en internet casos similares y vería en qué habían terminado. Así se ahorraría la fatiga y estrés de juzgar su propia relación.

Tenía tantas preguntas. ¿Cómo podía seguir en una relación luego de un engaño?, ¿cómo puedes divorciarte por una infidelidad cuando amas tanto a la otra persona?, ¿por qué te engañaría si la amas tanto y es la única persona que ha estado a tu lado en las buenas y en las malas?

Scott se negaba a hacerse a la idea de que Sarah le fuera infiel, pero también se negaba a creer en la creación espontánea de un saco gestacional en su útero por arte de magia o intervención divina.

Abrió su computadora y comenzó a hacer búsquedas con temas aleatorios sobre la infidelidad y divorcios, alimentando así, su miedo más profundo, quedarse sólo.

Así navegó por páginas de chismes, reportajes y artículos serios por más de una hora. Cambió sus criterios de búsqueda a, embarazo sin coito, embarazos sin relaciones y embarazos milagrosos.

Un artículo tras otro, leyó muchas historias que tenían similitudes con su situación actual.

Uno de ellos le llamó la atención, de manera resumida decía:

Embarazos milagrosos.
¡Mi esposa se embarazó de un extraterrestre!
Una noche después de perder tres horas sin saber qué había sucedido, mi mujer despertó en la cama con dos marcas de aguja en el estómago, cuando entré a la habitación y la vi, estaba desorientada.

Al llevarla al hospital todo parecía normal, la dieron de alta. Ocho semanas después regresamos al hospital y resultó estar embarazada, tenía las mismas semanas que el día en que la encontré en la cama con esos pinchazos...

Scott hizo un gesto de incredulidad, cerró su computadora. Sin terminar su cerveza, la dejó sobre la cocina y decidió regresar a la cama. Ya había leído mucho el día de hoy y era tiempo de dormir, ya que al día siguiente tendía que ir a trabajar. Las cuentas no se pagaban solas.

Subió a la habitación con Sarah y mientras se acostaba en la cama seguía sin imaginar cómo había podido Sarah engañarlo con otro. Cualquier historia que pudo leer en la red le hacía más sentido que imaginar a Sarah con alguien más.

Sólo por curiosidad, pues en realidad no estaba esperando encontrar nada, antes de acostarse a dormir, levantó el camisón de Sarah y con la poca luz de la lámpara de noche en el buró, pudo ver dos marcas de pinchazos en su ombligo. Asombrado volvió a acomodar el camisón de Sarah y se acostó a dormir con ella.

A la mañana siguiente Sarah se despertó sintiéndose mucho mejor y bajó las escaleras para buscar a Scott. Tenían mucho que resolver y Sarah sabía que Scott podría estar imaginando cientos de cosas, incluso podría estar pensando que lo había presionado intencionalmente semanas atrás, para encubrir alguna infidelidad. Pero ella le era fiel por completo, sin embargo, por mucho que lo amara, en su interior sabía cómo se veía todo desde la percepción de Scott y prefería no forzarlo a mantener una familia que no quiere tener.

—Scott tenemos que hablar. No estamos pasando por un buen momento desde hace algún tiempo. — dijo Sarah con una voz quebrada y los labios temblorosos, pero hablando de manera directa como siempre lo hace — Me temo que lo mejor es separarnos. — Y hubo un largo e incómodo silencio.

—Sarah si crees que alejarte salvará nuestro matrimonio, estás equivocada. Confío en ti más que en nadie en el mundo. Desde el accidente hace cinco meses, fuiste la única a mi lado. Sé que no has estado con nadie más. — decía Scott de manera serena con en tono de franqueza incuestionable. Realmente lo decía creyendo que Sarah no lo había engañado.

—No sé qué sucede Scott, estoy muy confundida. He llegado a pensar que me han drogado y violado, pero sólo he estado contigo. He pensado tantas cosas…

—Quiero que veas algo. — Scott acercó su computadora portátil y le mostró una docena de artículos sobre atípicos embarazos milagrosos sin contacto sexual. — Lee alguno de ellos, he encontrado cientos como estos.

—¿Pero no creerás que fui abducida e inseminada con sondas y esas cosas que ves en esos programas de ufólogos? — preguntó Sarah de manera sarcástica, ya que Sarah odiaba los programas sobre extraterrestres y orígenes de la humanidad que Scott veía.

—¿Ya te miraste el ombligo? Tienes dos cicatrices justo al lado. — Scott señalaba hacia su abdomen mientras lo decía.

—¡Basta! Estoy hablando de algo serio, me gustaría que por una vez te portaras serio cuando te hablo.

—Yo también estoy hablando en serio. Levanta tu camisa para que lo veas tu misma.

Sarah levantó su camisa con un gesto de reproche, pero dispuesta a hacerlo para poder continuar con la plática.

—¿Qué es esto? — Sarah estaba completamente sorprendida y asustada. Parecían las cicatrices de un piercing en el ombligo, pero ella nunca había tenido uno. No es un área del cuerpo que se ve todos los días como la cara o las manos, así que saber cuándo se hicieron, era casi imposible.

—Tienes más, he visto cicatrices como esa en la parte interna de tu brazo izquierdo y en la parte trasera de tu cuello. Ya me revisé frente al espejo y no tengo ninguna como esas de manera visible. — Hizo una pausa, inhaló y exhaló fuertemente— Tengo que contarte lo que sucedió hace un mes.

—¿Qué sucedió? — Sarah se notaba interesada, pero con miedo a preguntar. Su mente la llevó a un lugar obscuro donde Scott le había hecho algo para embarazarla, pero sabía que él no haría eso.

—Te enojaste conmigo porque dije que no quería tener hijos, te dije que no era el mejor momento y te subiste a dormir. Yo que me quedé sentado afuera pensando, porque quería platicarte algo esa noche. Esa noche no llegue tarde por ir a hacer una auditoria. Fui con el psicólogo.

—¿Regresaste a verlo? — Sarah sabía quién era el doctor Leonard, ella lo había acompañado a un par de sesiones al inicio de su terapia. Scott dejó de ir porque sintió que no estaba avanzando. — ¿Por qué no me lo habías dicho?

—Después del accidente algo despertó en mí, no puedo explicarlo, pero comencé a tener vagos recuerdos de sueños que venían a mi desde mi niñez. Y el docto Leonard me hacía sentir que todo estaba en mi mente, y que tenía que quitar esos pensamientos y recuerdos falsos, pero yo no quería dejarlos ir. Así que deje de ir a verlo e inmediatamente todos los sueños desaparecieron.

—Todo eso ya lo sé.

—Una noche antes de ir con el psicólogo tuve un sueño, pero esta vez fue diferente, fue muy real, era tan real. Podía sentir texturas, oler aromas, escuchar voces y comencé a tener nuevamente ataques de ansiedad.

—¿Qué soñaste? —preguntó Sarah sin saber qué tenía que ver con su situación y el embarazo.

—Desde niño soñaba con planetas, viajes por el universo, y cosas fantásticas, pero cada vez eran más extrañas y todo apuntaba a una guerra llena de sufrimiento y dolor. Siempre veía a una persona en mis sueños, nunca le hice mucho caso, era un sueño, pero esa persona se veía — Scott señalaba su cara — exactamente como luzco ahora. Y al parecer trabajaba en una flota espacial con otras razas de extraterrestres, tenía un rango, parecía militar.

—¿Tú? ¿Viajando por planetas en el universo, en medio de una guerra espacial? — Soltó una carcajada—, pero si a ti ni siquiera te gusta subirte al avión cuando vamos de visita con mis padres.

—En fin, eso no es lo importante. Lo que te quería decir es que fui con el psicólogo y te mentí, quería subir a decírtelo así que dejé la mitad de mi cerveza sobre la barra de la cocina y en cuanto entré al cuarto te vi sentada sobre la orilla de la cama. Tenías los ojos en blanco, la boca abierta y tenías la cabeza hacia atrás. Te llamé y no respondías, estabas temblando. Te tomé del brazo y te moví fuertemente para despertarte. Esa noche ambos perdimos el tiempo de las 10:30pm a las 3:00am. Pensé que la hora estaba mal, así que bajé a ver el reloj del horno de microondas y eran las 3:08am, mi cerveza estaba caliente. Lo que sea que haya sucedido nos creó un vacío temporal de cuatro horas y media.

—Si lo recuerdo—dijo Sarah llevándose la mano a la cabeza—, me pareció muy extraño, pero estaba tan cansada.

—Eso fue hace un mes. Tienes un mes de embarazo, tienes cicatrices en el estómago, no has tenido relaciones sexuales conmigo, estás embarazada y todo fue justo cuando regresaron estos sueños.

—Esta plática es demasiado para procesarla, por ahora sólo necesito saber ¿qué vamos a hacer? —Sarah se notaba perturbada por lo que acababa de escuchar, no necesitaba más drama en su vida en este momento.

—Siempre estaré a tu lado, saldremos juntos adelante. Sabes que te amo.

—Sólo eso quería escuchar.

En un instante el tema del que hablaban se esfumó, es debido a un mecanismo de defensa del cerebro, que busca salidas fáciles a situaciones de estrés, así como busca acercarte siempre al placer y alejarte del dolor. Ambos se quedaron con un te amo, y les bastó por ese día.

A la mañana siguiente Scott no dejaba de pensar en qué había sucedido, todo en su cabeza daba vueltas, no sabía qué era lo más extraño, si el embarazo atípico de su esposa o sus sueños fantásticos.

Mientras tomaba su café camino al trabajo vio un anuncio en una calle sobre un hipnotista que hacía regresiones a eventos y vidas pasadas, le pareció demasiado conocer sus vidas pasadas, sólo estaba interesado en lo que había sucedido en el accidente cinco meses atrás, ya que eso podría haber desencadenado esos sueños y los ataques de ansiedad.

Tenía tantas cosas nuevas con las que lidiar, que la ansiedad tendría que irse y no le gustaba la idea de hacerlo con medicación como le había recomendado el doctor Leonard.

Pensó en ir a ese lugar al salir del trabajo solo para pedir informes.

Y eso fue justamente lo que hizo ese día.

—¿Hola? ¿Hay alguien aquí?

—Buenas tardes, ¿viene a pedir información?

—Así es. Vi el anuncio de afuera y quisiera hacer una sesión de hipnotismo.

—Claro. Todos piensan que es algo que quieren, sin pensar si lo necesitan en realidad. Dígame, ¿Qué está buscando exactamente? — El recepcionista parecía conocedor del asunto, pero sólo estaba aparentando.

—Bueno, quiero recordar que me pasó durante un accidente.

—Permítame un momento, veré la agenda. —Abrió una agenda en blanco, la observó y contestó — Muy bien, tenemos disponibilidad justo ahora.

—Estaba pensando en hacer una cita, quizás hablar con el doctor primero, antes de entrar.

—Usted es el cliente. Pero si yo quisiera saber algo, lo haría lo más pronto posible y si estuviera en el lugar adecuado, lo más lógico sería continuar. —El recepcionista mantenía una mirada fija y tenía la pluma apoyada sobre la agenda para tomar sus datos.

—De acuerdo ¿Qué puedo perder? — Scott imaginó que lo único que podría perder es su tiempo y su dinero.
—Pase por aquí. Tome asiento, enseguida viene el doctor.

—Hola. Pase por favor. — mientras Scott entraba, el doctor permaneció en la puerta y su asistente le entregaba una nota al antes de que cerrara.

—Hola soy Scott, mucho gusto. Vengo a...

—A hacer una regresión según me informó mi asistente. ¿Y me gustaría preguntarle antes qué está buscando?

—Hace unos meses sufrí un accidente, todo ha estado borroso en mi mente desde entonces, tengo recuerdos fragmentados de un sueño recurrente y no he sido el mismo desde que ocurrió.

—Ya veo. Usted dijo sufrí un accidente, por lo que puedo deducir que fue algo que realmente padeció.

—Así es.

—Ya veo. Por favor retírese todo el metal, recuéstese o siéntese cómodamente en el sillón. Haremos un ejercicio de relajación y si usted está de acuerdo en grabar el audio de lo que suceda tendrá que firmar el formulario e incluir su correo electrónico.

—Ok. — Scott se mostraba escéptico con el doctor, quien se mostraba muy apresurado en su trato, como si fuera un procedimiento de rutina para él. Toda esta idea de una regresión parecía ahora no tan buena idea. Pero de manera mecánica, firmó el formulario y se recostó en el sillón.

Este consultorio parecía más bien un cuarto improvisado, no había música de fondo, se podía escuchar las luchas de UFC en el fondo. No era el entorno más relajante que se podía encontrar en Nueva York, definitivamente era muy diferente al consultorio del doctor Leonard.

—Bien. Comencemos.

Por favor cierra los ojos e imagina que estás en un hermoso jardín, es un jardín que te es muy conocido, te sientes relajado.

Es un día soleado con una brisa agradable que envuelve tu cuerpo.

Volteas lentamente tu cabeza a la derecha y verás a lo lejos una escalera que desciende hacia un lugar que conoces, no le tienes miedo.

Lentamente comienzas a bajar. Recuerda que escuchas en todo momento el sonido de mi voz.

Siempre podrás escuchar y seguir mi voz.

Comienzas a bajar 10;

Te sientes muy relajado 9;

Comienzas a sentir tu cuerpo muy pesado 8;

Tus hombros están muy ligeros 7;

Tu respiración es más lenta 6;

Los escalones se desvanecen poco a poco y comienzas a flotar 5;

Flotas en un lugar con menos luz cada vez 4;

Te encuentras en un vacío completamente negro 3;

De pronto ves un marco como de una ventana y te acercas hacia el 2;

Flotas frente al cuadro, pero no hay reflejo y ahí esperarás mis instrucciones 1.

Ya estás completamente relajado.

Scott estaba tan relajado, realmente había algo mágico en la voz del hipnotista que lo hacía entrar en un estado de ensoñación con mucha facilidad.

De pronto Scott se dio cuenta que no sabía el nombre del doctor, no sabía cuánto costaría la consulta ni sabía cuánto tiempo tardaría la sesión, pero estaba abandonado en la experiencia, listo para llegar al fondo de lo que le estaba sucediendo.

—Imagínese un día cualquiera, cuando todo era normal antes del accidente. Ese recuerdo empieza a materializarse en el cuadro y usted lo puede ver.

—Puedo ver que estoy con Sarah en bar con Megan y Frank. Estamos comiendo alitas y escuchando a un comediante de Stand Up. Es muy mal comediante, pero las alitas están deliciosas. — Scott sonreía mientas visualizaba ese recuerdo tan claro. Era muy escéptico para estas cosas, pero no cabía duda en que estaba teniendo un recuerdo vívido.

—Vea cómo transcurre el día y maravíllese de que puede ir adelante o atrás en ese día a voluntad. Ponga atención en los detalles y verá que los puede magnificar tanto como quiera, las letras son legibles, las escenas son visibles tanto si hay luz de sol o si no la hay. Usted controla este entorno.

—Si. Ya es de noche, estoy sólo con Sarah en casa y hacemos el amor. Es tan hermosa.

—Vayamos a otro día, esta vez vamos a un día antes del accidente. Descríbame qué está sucediendo en el cuadro.

—Estoy levantando hojas de la entrada. No me gusta hacerlo, pero a Sarah le encanta asomarse por la ventana y saludarme mientras lo hago.

—Vayamos más adelante, que sucede por la noche.

—Veo como una blanca y espesa neblina que entra por la ventana, y hay una luz muy fuerte y me lastima los ojos porque es de noche.

—Recuerda que tu controlas el entorno, la luz no te lastima. Puedes ver con claridad. ¿Qué es lo que ves?

—Sarah está dormida junto a mí y todo se mueve en cámara lenta, algunas cosas en la habitación están flotando. — hablaba con una voz muy baja con las manos juntas sobre el pecho, y era notorio que se esforzaba para ver con claridad.

—Mire a su alrededor, al piso, por la ventana ¿qué más puede ver?

—Veo una extraña silueta acercándose a mí. Pero no le temo, siento que lo conozco ya he estado con él, es una entidad masculina, es muy alto.

—Descríbalo ¿Cómo es él? Tómese su tiempo, mírelo bien.

—Sus ojos son grises y su mirada es muy profunda. Es una persona muy alta, su piel es blanca grisácea, y su cabello es largo de un gris cenizo. No camina, flota, su boca es pequeña, me habla sin mover los labios. Todo lo que dice resuena en mi cerebro.

—¿Qué está haciendo?

—Mueve sus manos lentamente frente a mí y todo a mi alrededor desaparece.

—Avance un poco más hasta que despierte ese día.

—Despierto recostado sobre una mesa de algo parecido a cerámica brillante y me siento mareado. Él me está hablando conmigo y me hace reír. Poco a poco comienzo a incorporarme. Me lleva a una cabina. Yo conozco esa cabina, la he visto en mis sueños.

—¿Y qué puedes ver por la ventana?

—Veo la Tierra. Oh Dios. Es una vista impresionante. — Scott estaba impresionado, pero su tono de voz era muy calmado y bajo, por el estado en que se encontraba.

—¿Qué tipo de tierra puedes ver? — El hipnotista pensó que se refería a la tierra del suelo.

—Veo el planeta Tierra desde el espacio. Estoy dentro de una nave orbitando cerca de la luna. También puedo verla, todo esto me es tan familiar — decía Scott incrédulo de lo que estaba diciendo, pero seguro de lo que sentía.

—Adelanta un poco más el tiempo y dime que sucede.

—Él me pide que regrese a la cama nuevamente y acerca su mano a mi frente, yo comienzo a despedirme. Todo se vuelve negro, me siento mareado otra vez. Veo que estoy despertando y estoy lleno de sudor en mi cama, Sarah está a mi lado, puedo ver la hora en el reloj, son las 3:00 am, todo parece ser normal, me siento muy cansado y me vuelvo a dormir...

—Adelanta más el tiempo a la hora de tu accidente.

—Voy manejando hacia el trabajo y por el espejo retrovisor veo una camioneta acercándose rápidamente hacia mí. Me muevo a la orilla para dejarlo rebasar, no tengo prisa, pero en cuanto lo hace, se detiene bruscamente. Hay cinco personas que se bajan de la camioneta, visten de negro con chaleco antibalas. Tienen armas largas.

—¿Qué es lo quieren?

—Quieren saber qué sucedió anoche, saben que me llevaron y quieren que les dé información.

—Descríbeme lo que haces

—Ellos me hacen preguntas y me apuntan con un arma, pero no entiendo de lo que me están hablando. — Scott no entiende cómo es que no recordaba nada de esto, es algo que simplemente no se olvida. — Están inyectando algo detrás de mi oreja y me hacen preguntas. Y empiezo a contestarles todo lo querían saber. Es involuntario, pero me drogaron con algún tipo de suero.

—¿Qué les dijiste?

—Les dije que Charlie me llevó a una nave de la Alianza. Me dijo que teníamos que terminar con la influencia que los Reptilianos ejercen sobre la humanidad. Ya es la hora del despertar de la humanidad. Y necesita mi ayuda para terminar el plan que dejamos inconcluso.

—¿Qué sucede después?

—Me ponen otra inyección y me desmayo. Desperté conduciendo sobre la autopista, pero no puedo reaccionar, vi al chico sobre la banqueta, pero mis piernas no respondían y lo atropellé. Atropellé al chico. — Scott empezó a llorar.

—Lentamente te alejarás del marco flotando 1;

El marco comienza a desvanecerse 2;

Te alejas flotando hacia la luz 3;

Puedes ver las escaleras 4;

Dejas de flotar y usas tus piernas para subir las escaleras 5;

Subes las escaleras hacia un área más iluminada 6;

Sales de las escaleras al jardín 7;

Caminas sobre el jardín al espacio seguro en donde iniciamos 8;

Puedes sentir tu cuerpo 9;

Has regresado 10;

Puedes abrir tus ojos lentamente y reincorporarte. — El hipnotista tenía una cara de confusión y se llevó la mano al mentón mientras Scott se acomodaba y secaba sus lágrimas.

—Wow. — Dijo el hipnotista. — He recibido a muchos pacientes, pero jamás había escuchado una historia como esta.

—Lo siento. Me tengo que ir, ¿cuánto le debo de la consulta?

—Son cien dólares, pero me gustaría que habláramos sobre… — Scott se levantó y salió de la pequeña e incómoda sala, dejó un billete de cien dólares sobre la barra de la recepción y abandonó el lugar de prisa.

Scott sintió escalofríos por todo el cuerpo y no era a causa del viento gélido nocturno de Nueva York, así que se dirigió al estacionamiento y subió a su Mazda para ir directo a casa y hablar con Sarah, esta vez no le mentiría.

—Hola cielo ya llegué. — dijo antes de abrazarla y darle un beso en la sobre la cabeza.

—¿Cómo te fue? — preguntó Sarah mientras estaba sentada trabajando en su computadora eligiendo algunos patrones de colores para el diseño de un loft en el centro. Algún cliente realizaba una remodelación y buscaba darle un toque moderno, elegante y opulento como los departamentos de Tribecca.

—Bien. Fui con un hipnotista. —Sarah hizo un gesto de desaprobación y giró inmediatamente hacia Scott buscando escuchar que no era más que una broma —Me hizo una regresión y ya pude recordar lo que sucedió antes del accidente.

Sarah recordó el accidente automovilístico de Scott meses atrás.

El accidente

Un día después del trabajo Scott se dirigía a casa para ir por Sarah, habían acordado ir con unos amigos a cenar al centro de la ciudad para ponerse al día. Ya habían pasado semanas sin poder salir en grupo. Megan y Frank eran sus mejores amigos y siempre salían en grupo, al menos una vez al mes.

Mientras conducía a casa se estrelló con una barra de contención y fue llevado al hospital con un par de costillas rotas, laceraciones por los vidrios rotos en la parte frontal del cuerpo y algunas contusiones en la cabeza.

La policía encontró a Scott inconsciente en el interior del auto estrellado. Tenía el celular en la mano, parecía que estaba hablando al momento del accidente. La policía tomo el celular y marcó al número que aparecía en los contactos de emergencia. Sarah era su único contacto de emergencia en el directorio, esto lo corroboraron con la información en la licencia de conducir.

Le informaron que debería dirigirse a Sunset Terrace Family Health Center cerca de Sunset Park ya que Scott había sido trasladado ahí hacía diez minutos.

Su casa se ubicaba en el número 249 de la calle 45, en Sunset Park, Nueva York así que sólo le tomó cerca de veinte minutos llegar ahí, luego de pedir un taxi y tomar una chamarra, el taxi tardó doce minutos en llegar y el recorrido duró sólo ocho minutos. Estaba muy cerca del lugar.

Tan pronto llegó preguntó por él en recepción y le indicaron la sala a la que debía acudir.

Estaba acostado en una cama móvil mientras le hacían una curación menor sobre las laceraciones de los brazos.

Se encontraba muy desorientado y solo miraba hacia el techo con la mirada perdida. Sarah se apresuró hacia donde estaba la camilla de Scott y con llanto en sus ojos le dijo:

—Ya estoy aquí. — Scott no respondía sólo se quedó sentado y asentía con la cabeza.

La enfermera le pidió a Sarah llenar el formulario con los datos de su seguro. Scott había sido estabilizado por los paramédicos en el lugar del accidente. Los médicos le harían una tomografía para evaluar el nivel de gravedad de las contusiones. Él se quedaría un par de días para observación. Así que Sarah fue a casa por un par de mudas de ropa y se quedó con él esa noche en el hospital.

Sarah leía un libro mientras Scott dormía, cuando de pronto comenzó a quejarse del dolor y despertó.

—Ahh, — se quejó mientras despertaba y trataba de acomodarse — me duele el pecho.

—No te muevas —dijo mientras ponía su mano gentilmente sobre su hombro — tienes dos costillas rotas, tuviste un accidente.

—¿Cómo está el chico? — Preguntó Scott con lágrimas en los ojos. — ¿Está vivo?

—¿Qué chico Scott? Estabas sólo cuando te encontraron.

—Atropellé a un chico con su patineta, era solo un chico y yo lo arrollé. — comenzó a llorar.

Sarah no entendía de qué chico estaba hablando, le explicó que no había nadie más en el lugar del accidente y la policía no mencionó nada sobre ningún adolescente. Estaba a punto de decírselo a Scott, cuando entró en la enfermera a poner más analgésicos en la intravenosa. Y le pidió a Scott que descansara, quien cerró los ojos y lentamente quedó profundamente dormido.

—Disculpe. ¿Sabe si trajeron a algún chico arrollado junto a mi esposo?

—No, lo siento. Yo solo atiendo a los pacientes de esta área del hospital, pero puede preguntar en recepción.

—Gracias. Iré a preguntar.

Sarah se dirigió a la recepción y preguntó a la recepcionista lo mismo.

—No. — respondió tajantemente, se notaba que tenía mucho trabajo y quería avanzar en su papeleo —La policía nos llamó para saber si podíamos recibir a su esposo, no mencionaron a nadie más y la ambulancia llegó únicamente con él. ¿A caso su esposo le mencionó algo?

—No, al parecer está divagando. Sólo dice cosas extrañas. Me tranquiliza saber que no había nadie más. Gracias.

Eso es lo que Sarah recordaba del accidente, y sabía a qué se refería Scott con que al fin recordaba lo del accidente, sólo que le parecía demasiado llevar este episodio de su vida con un hipnotista.

—Recordé al chico que arrollé. — Scott se escuchaba liberado.

—Scott, ya hemos hablado de ello, sabes que no había ningún chico, ya preguntamos lo suficiente. — Sarah no podía dar crédito a lo que escuchaba, pensó que ya habían superado esa etapa de estrés postraumático y con la tensión de estar embarazada no era el mejor momento para tener que lidiar con ello.

—Lo sé. Pero hoy pude ver su rostro. No era ningún chico. No lo arrollé. Era Charlie.

—¿Charlie?... ¿Quién es Charlie?... — Preguntó Sarah con más miedo que nunca al esperar una respuesta que sabía que no le iba a gustar.

—La entidad que me visita en sueños y me lleva a ver otros mundos. Él es Charlie. Creo que quería decirme algo. Y no sé cómo explicártelo, pero la ansiedad, el miedo y el caos en mi mente de desvaneció; simplemente se esfumó. Es como haber estado viviendo con una bruma que nublaba mi mente y sólo existía por inercia. Ahora siento que he vuelto a ser yo. Estoy seguro que no lo atropellé, sólo estaba en mi mente como un recuerdo inducido, pero ahora no está.

—Scott. Te necesito más que nunca, tendremos un bebé y no hemos tocado el tema. Ni siquiera hemos pensado en un nombre. Y es muy extraño que deseaba tener una familia más que nada en el mundo, pero el saber que no lo concebimos juntos hace que todo sea muy extraño. Me aterra pensar que no lo quiero, aunque es mi deseo más profundo. ¿Estoy mal por pensar eso?

—Nada de esto es normal, pero juntos lo podremos afrontar. No te preocupes por el nombre, si es niño se llamará Scott, si es niña, se llamará Sarah. Lo ves. No es tan complicado.

Ambos rieron y se abrazaron. Scott pensó que no debía insistir más con el tema. No quería mentirle más y no lo había hecho, pero lo mejor sería no contarle más sobre el asunto, porque podía ver que esos temas la angustiaban.

Por la noche ambos se fueron juntos a la cama y se abrazaron mientras se miraban mutuamente, sintieron al fin que regresaban a ser la pareja que habían sido antes.

Pronto las caricias dieron paso a la pasión e inevitablemente hicieron el amor. Con sus cuerpos sintonizados en armonía sentían una felicidad desbordada. Sarah experimentaba una tranquilidad y una seguridad reconfortante mientras Scott experimentaba una sensación de libertad absoluta en su ser.

Todo ese estrés acumulado se había ido por alguna razón para ambos. Saber que estaban juntos después de todos los eventos inesperados de los últimos meses, les daba algo de esperanza para poder continuar con sus vidas.

Así transcurrió lentamente el tiempo hablando de trivialidades durante casi dos horas. Volvían a sentir la chispa de la pasión en ellos de manera involuntaria, estaban agradecidos por que fuera de ese modo.

No tardaron mucho tiempo en que el cansancio los venciera y abrazados como estaban cayeron en un profundo sueño.

Charlie

Justo a las 3:00 am Scott despertó y vio a Sarah flotando a su lado con una mano extendida hacia él queriendo tomar su mano. Todo se movía muy lentamente y Sarah tenía una lágrima corriendo por su mejilla a velocidad normal. Era una escena espeluznante. Podía verse el miedo de Sarah en su mirada.

Scott sintió escalofríos y giró su rostro hacia la fuente cegadora de luz.

Podía escuchar un ruido estremecedor, este sonido se originaba justo en medio del hipocampo, comenzó como un pequeño zumbido hasta convertirse en una vibración ensordecedora. Y después de unos pocos segundos todo cesó y ya no podía ver nada, todo estaba obscuro.

Abrió los ojos y junto a él Sarah estaba dormida sobre la cama en la misma habitación que Scott había estado antes con Charlie. Era algo sumamente extraño.

Scott se levantó y se dio cuenta de que no hacía frío ni calor, si estuviera en casa, tendría frio al levantarse, y eso no sucedía. Es como si el clima del cuarto se adaptara a su temperatura corporal, no había ni un solo orificio por donde entrara una corriente de aire, incluso la cama parecía haber sido moldeada como una sola pieza al igual que toda la cabina y no había ni una sola lámpara o foco visible, sin embargo, la habitación era completamente blanca y había un brillo en el ambiente.

Scott caminó tranquilamente por la habitación pensando qué le diría a Sarah cuando despertara. Se sentó junto a ella y le dio un beso en la mejilla para despertarla mientras ponía su mano sobre su espalda.

—Sarah... Despierta...

Sarah despertó y miró a Scott. Sus ojos se adaptaron lentamente a la intensidad de la luz y miró el entorno a su alrededor con gran desconcierto.

—¿En dónde estamos? — claramente no era su habitación, siendo una diseñadora de interiores no diseñaría su recámara tan minimalista como la habitación en la que se encontraban. —
¿Qué es este lugar?

Los dos miraban confusos la habitación. No tenían mucho que mirar además de las paredes blancas y la única ventana era como el elefante rosa en la habitación, ambos podían verla, pero ninguno de ellos quería decir nada al respecto.

A través de la ventana se podían observar millones de estrellas y polvo cósmico formando nubes de hermosos colores que se mezclaban en lo más profundo del espacio.

Era una bella imagen de estrellas que adornaban al planeta Tierra que permanecía aparentemente inmóvil frente a ellos con su luna orbitando en perfecta armonía, era como ver a Ying y Yang en un baile infinito.

—No lo sé, pero he estado aquí desde hace mucho tiempo. No sé cuántas veces. Pero esto es lo que he visto en mis sueños.

Scott se sintió más tranquilo al tener a Sarah a su lado, por fin podía comprender a qué se refería con todo lo que le había contado sobre sus sueños y al mismo tiempo se alegraba al saber que no estaba loco, que sí había algo más grande a lo que pertenecía y de lo que él era parte.

Pero en un santiamén todo eso se evaporó. Scott sabía que sus últimos sueños habían sido muy reales. Tanto que sentía texturas, olía aromas y podía ver cosas con gran detalle y nitidez.

Rápidamente dedujo que podría ser algo muy similar a su último sueño.

—Creo que sólo te estoy soñando.

—No soy un sueño Scott. Porque estoy aterrada y quisiera despertar. Sé que no estoy dormida. Sólo quiero salir de aquí. Dime ¿Cómo sales de aquí cuando vienes? — Sarah comenzó a idear un plan para salir de ese lugar cuanto antes — ¿Qué haces para regresar?

—Nada. Sólo despierto. Quizás solo tengamos que esperar.

La luz de la habitación, o del ambiente podría decirse ya que no había lámparas, cambió de un blanco brillante a un matiz cálido amarillo.

De una de las tres paredes verticales se deslizó una puerta que no estaba marcada. Sarah se puso detrás de Scott mientras una silueta de acercaba a ellos.

Ahí estaba Charlie. Un extraterrestre Pleyadiano conocido en la cultura pop como la raza de los Blancos Altos o Nórdico. Era un ser de aproximadamente dos metros diez de estatura.

Vestía un traje muy sencillo de un color plateado y una capa morada con un ribete dorado que le adornaba hasta el suelo.

Tranquilamente se acercó hacia ellos, y los saludó telepáticamente.

—Hola. Bienvenidos nuevamente...

Ambos pudieron escuchar la misma información al mismo tiempo de manera clara y nítida, como si tuvieran unos auriculares dentro de los oídos.

Era una voz serena que les inspiraba confianza y tranquilidad.

Al escuchar el saludo, ambos supieron de inmediato que ya habían estado ahí, incluso Sarah luego de un instante reparó en que no era tan extraño ese ser después de todo, y eso es decir mucho, considerando que estaba en una nave en el espacio exterior con un ente no humano hablándole telepáticamente.

—Tu eres Charlie ¿Cierto?

—Así es, me da gusto que me recuerdes. Los hemos llamado porque necesitamos su ayuda.

—¿Necesitarme? A qué te refieres con necesitarme exactamente. — Scott pensó que no era una persona importante, por el contrario, ¿qué podía hacer una persona tan ordinaria como él para un ser avanzado? Salvo que tuviera que hacer un análisis de riesgo de su empresa, no tenía mucho que aportar.

—Los necesitamos a los tres Scott. Iniciaremos la primera fase. Esta vez podrán recordarlo todo, tomara unas horas. Mañana lo podremos discutir con más detalle.

—¿Primera fase? ¿De qué estás hablando? — Sarah estaba confundida de que un ente extraterrestre mantuviera una comunicación casual con ellos, como si la conversación fuera de algo trivial y sin importancia. No podía entender nada de lo que estaba aludiendo. Lo podía escuchar, pero no estaba siguiendo el guion.

—No estoy hablando. Me comunico con ustedes por telepatía. — Hasta ese momento no se había dado cuenta de ello. Podían ver claramente que su boca no se movía. — Lo importante ahora es que sepan que estarán bien. Ustedes nos han dado su consentimiento para visitarlos y traerlos aquí con antelación. Son mucho más de lo que creen o lo que recuerdan ser.

—No te entiendo. Somos sólo personas. — Scott se dio cuenta de que su comentario era irrelevante para lo que Charlie les había dicho.

—Así es, sólo son personas. Sólo que no pueden recordar aún todo lo que han logrado en los últimos años. Ya lo harán, les sugiero que no se estresen por ello.

—¿Ok? — Scott lo miraba con desconcierto.

—Síganme.
Charlie seguía hablando con ellos mientras caminaban sobre un pasillo muy extenso.

No podían concebir el tamaño de la nave, era tan grande que podían caber fácilmente tres albercas olímpicas a lo largo y un edificio de cinco pisos de alto tan sólo en el pasillo que conducía a otra sala.

Mientras caminaban en el pasillo empezaron platicar entre ellos.
—¿Qué se supone que debemos hacer? — preguntó Sarah

—Seguirlo. Es extraño, pero tengo confianza en él.

—Yo no. — Sarah se esforzaba en hablar con voz baja— Quiero irme de aquí cuanto antes.

Su conversación fue interrumpida por la voz de Charlie en sus cabezas.

—Y así será Sarah. Ustedes están aquí por voluntad propia. Aún no lo recuerdas, pero ya lo harás. Tú confías en mí, tu misma me contaste que te llamaron Sarah porque tu madre era judía y quería tener una princesa, Sarah significa princesa en hebrero.

Hubo una pausa perturbadora y Sarah miró a Scott completamente pasmada. Ni siquiera recordaba eso ella misma.

—Yo no sabía eso — dijo Scott

—Eso es cierto — y fue lo último que dijo Sarah antes de seguir a Charlie sin vacilar.

Lo que vieron al ingresar al gran salón fue tranquilizante, un grupo de humanos a su alrededor.

Se alegraron de no ser los únicos que están flotando por ahí en el universo.

Inmediatamente notaron que no sólo había personas que habían sido extraídas de sus camas mientras dormían, lo cual podían notar fácilmente por su ropa de dormir. También había humanos que parecían estar dando algún tipo de orientación a esas personas.

Había al menos otras setenta personas en la sala, entre personas normales y lo que parecían ser oficiales dando algún tipo de instrucciones a todas las personas.

Mientras cruzaban la sala podían ver que seguían llegando más personas desorientadas al igual que ellos.

El briefing de Jack

Un hombre de la misma edad que Scott, se acercó a ellos con un extraño uniforme parecía salido de una película de ciencia ficción. Parecía un traje de buzo de cuerpo completo hecho con neopreno, pero más colorido y con algunas insignias en él.

—Qué tal Scott, ¿Cómo estás? — desde la distancia se acercaba con la mano levantada saludando a Scott.

—Estoy haciendo lo posible por comprender lo que está pasando. — Scott contesto un tanto desanimado, siempre había querido estar en medio de algo así, pero ahora todo era tan abrumador que sencillamente prefería estar en casa bebiendo una cerveza. — Tú...

Jack siguió hablando y no permitió que Scott preguntara nada, de inmediato lanzo una mirada a Sarah, le sonrió y puso su mano sobre su hombro.

Sarah, ¿Cómo te sientes? — Jack le sonreía y la miraba profundamente de una forma incómoda.

—Asustada. — Sarah temía que esto fuera lo que te hacen en una abducción y de ser así, lo que viene sería lo peor. Sólo estaba tratando de buscar una salida. Pero cada vez que pensaba en ello, recordaba que estaba flotando en el espacio y no había manera segura de huir.

—No se preocupen, ya les explicaremos. — Jack avanzaba mientras platicaba con ellos con una seguridad excesiva demostrando que era algo que hacía muchas veces — Por favor dejen todo el metal que tengan consigo y síganme.

—Scott. Tú y yo trabajamos juntos por veinte años. Fuimos parte del Programa Espacial de la tierra. Soy Jack, ¿recuerdas? — Jack sonrió después puso una cara triste — No te preocupes, ya sé que no lo recuerdas, sólo lo hago por diversión.

Scott miró a ese hombre haciendo un esfuerzo por recordar, pero fue en vano. Ni siquiera tenía un parecido o un aire a ninguno de sus amigos en la tierra.

Cómo iba a ser posible que un contador que egresó de la universidad para convertirse en un analista de riesgo en una respetable firma de Nueva York, pudiera haber trabajado con este sujeto, al que no recordaba, por veinte años en un programa espacial.

La sola idea es tan ridícula que sólo volteó a ver a Sarah y ambos se miraron sin hacer ningún comentario por unos segundos.

—Creo que eso de trabajar veinte años en un programa espacial es algo definitivamente recordaría. No tengo un traje de astronauta en casa, así que, me estás confundiendo. — murmuró con ironía y sarcasmo.

Se acercaron a una pequeña sala que tenía una puerta abierta y tan pronto Jack entró en ella, se iluminó por completo.

—Comenzaré a explicarles todo desde el principio para que todo lo demás que se les comunique tenga sentido ¿Les parece? Tomen asiento por favor.

Sarah y Scott se sentaron de inmediato.

Todo ahí era tan brillante, era un cubículo similar a un cuarto de interrogación de la policía, pero con algunas variaciones. Era un cubo que tenía en las seis paredes un grabado en forma de hexágonos que emulaban un panal, el material del que estaba construida irradiaba su propia luz, la acústica era increíble, no había ningún índice de eco a pesar de no haber ninguna entrada de aire aparentemente.

En el centro de la habitación, salía pequeña mesa del piso en cuanto se deslizaban las puertas de acceso y en cuanto se acercaban a ella, aparecían el número de sillas correspondiente al número de personas. En este caso sólo aparecieron tres sillas.

Era algo surreal. Era muy confuso, esto iba más allá de una sala inteligente, era como si el cuarto o si la nave en tu totalidad tuviera conciencia como un organismo vivo.

—Scott me llamo Jack. Tú y yo participamos en el programa 20 y regreso en el programa espacial de la tierra.

—Ya te lo dije. No he estado en ningún programa espacial de los Estados Unidos.

—Lo sé. Dije en el programa espacial de la tierra, no en el programa espacial de Estados Unidos. Existe más de un programa secreto que tienen algunos de los países de la tierra, sin embargo, tu y yo servimos en un programa espacial global.

Toda la tecnología que existe hoy en la tierra es tecnología muy antigua. Desde los años cuarenta hemos realizado ingeniería inversa a naves y tecnología de origen extraterrestre que hemos encontrado en lugares sagrados de la tierra, debajo de las placas continentales y en la antártica principalmente.

Esto nos permitió tener grandes adelantos en tecnología, es por ello que terminó la segunda guerra mundial y continuamos con la carrera de los misiles. Estados Unidos no tenía un programa serio espacial, todos los científicos de la operación "Paper Clip" fueron traídos a la NASA para el programa espacial, pero sólo unos cuantos fueron traídos al verdadero programa espacial global.

De hecho, gran parte de la tecnología que tienen en la tierra hoy en día, pertenece a patentes de la NASA y estas patentes han sido vendidas y capitalizadas para poder financiar estos programas secretos, además de muchas otras formas de tomar dinero de los contribuyentes con operaciones de bandera falsa y operaciones negras con el pretexto de garantizar la protección de los ciudadanos.

Lo único que hacen es inventar terrorismo y crean una guerra para sacar millones de dólares justificadamente por el congreso. ¡Me dan asco!

En fin. Algunos países se unieron para crear un programa espacial universal. Han tenido muchos nombres, pero se conocen como la Federación y a su vez están agremiados a la Alianza que es un grupo más grande y más diverso. Algunas de las cosas increíbles que han desarrollado son viajes en el tiempo, viajes por el espacio, tele-transportación cuántica, baterías anti-gravitacionales, reactores de energía toroidal, propulsión con anti-materia, clonación, etc. Lo sé, es una locura.

—Un momento. Básicamente me acabas de resumir todas las temporadas de las series de conspiraciones y ufología que veo. No entiendo. ¿Cómo es que todo esto se desarrolló tan rápido, cómo hacen una nave tan grande como esta sin que la veamos?

—Muy fácil de hecho. Primero necesitas comprender que el tiempo sólo existe como una abstracción en la tierra para entender los ciclos de día y noche, las estaciones, los años, las precesiones y los eones, sin embargo, no es algo lineal, es algo que existe desde siempre, todo el tiempo.

Es muy difícil de explicar, pero puedes moverte hacia atrás y hacia adelante tantas veces como quieras, sólo afectando tu línea de tiempo. En el programa 20 y regreso, somos reclutados por nuestras habilidades especiales como tú y yo, fuimos elegidos por nuestra capacidad analítica en la universidad, o muchas razones más que te explicaré después. En este programa se crea un clon con su ADN y su conciencia es transferida como la copia de un disco duro a ese clon para que puedan continuar su vida de manera normal. Mientras que el civil es traído a cualquiera de nuestras bases y se le da un breve resumen como el que les estoy dando en este momento para poder asignarle una misión.

—¿Cualquiera de nuestras bases? — preguntó Sarah al escuchar a Jack hablando como si fuera algo completamente normal e insignificante —, ¿Hay otra a parte de esta?

—Esta no es una base, es una nave. Tenemos bases en la Luna, en Marte y en otros lugares de interés, también tenemos una plataforma orbitando el cinturón de asteroides porque de ahí minamos materiales y nos es más fácil trabajar con metales únicos cerca de donde minamos. ¿Quieren tomar un receso? Es mucho para procesar...

—No. Continúa por favor. — dijo Scott sin vacilar.

—Bien, te decía. Cuando eres reclutado como cadete se te asignan misiones, que en realidad no son misiones como tal, son más bien pruebas que nos ayudan a entender tu nivel de percepción de la realidad, tu habilidad para adaptarte a nuevas situaciones, tu capacidad de ser empático y compasivo; la facilidad que tienes para sentir, no importa si lo demuestras o no, es fácil saber lo que sienten los reclutas.

Durante el primer año van escalando y se les dan a conocer informes sobre otras formas de vida con las que coexistimos, les damos acceso a información de otros planetas, les enseñamos nuevas tecnologías y armamento. Aquellos que se destacan los llevamos a otro nivel, dejamos de compartir informes y les permitimos interactuar con otras razas, los llevamos físicamente a otros planetas y obviamente les damos un grado.

—¿Por qué nos dices todo esto? ¿Estás reclutándonos?

—Que gracioso, recuérdame repetirte esto mañana. — Jack pensó que ese comentario fue muy divertido—. Tú eres mi subordinado, soy Mayor y tú eres Sargento me reportas de manera directa. Todo lo que sabes, lo has aprendido de mí. Sarah es mi asistente. Creo que sientes algo por mí, pero nunca he estado seguro. Siempre estoy ocupado como para tener romances en el trabajo.

—¿Tu subordinado? ¿Enserio? — no daba crédito a lo que escuchaba. Scott jamás se enlistaría en el ejército y menos en una misión en el espacio — No lo creo.

—Así es, tú eres mi Sargento Mayor Maestro. Sarah mi asistente, pero no se preocupen, ya se acordarán.

Scott tenía una lógica impecable y a pesar de recibir grandes volúmenes de información, siempre la agrupaba y buscaba darle un orden secuencial para poder entender las cosas más rápido que los demás, gracias ello era el analista de riesgo en jefe en la firma para la cual trabajaba.

—Déjame ver si entendí bien. Al llevarnos de la Tierra a una de las bases del programa espacial secreto global, toman una muestra de ADN para transferirla a un clon junto los recuerdos y la conciencia, para que la vida de ese clon sea normal sin notar ningún cambio, mientras que el civil es llevado a servir en el programa por veinte años.

—Eso es correcto. — Dijo Jack.

—Entonces tengo dos preguntas. La primera es: ¿qué pasa con el civil y con el clon una vez que pasan los veinte años de servicio? Y la segunda es: Si es la segunda vez que venimos, eso nos convierte en clones, ¿Qué pasó con los civiles originales?

—Sobre tu primera pregunta el clon se queda a vivir en la Tierra y el civil puede tener muchas opciones, morir en una misión, quedarse más de los veinte años como es mi caso y cosas por el estilo. Sobre tu segunda pregunta. Es clasificado.

Como les decía. Ustedes fueron enlistados en el programa siendo una pareja de bobos en la universidad, se les dio un informe del proyecto y ambos aceptaron. Se les dijo que trabajábamos en un proyecto para eliminar la hambruna y las enfermedades del mundo y como son tan buenas personas, — dijo Jack haciendo un gesto sarcástico y mirando hacia arriba — aceptaron deseosos y firmaron sin leer las letras pequeñas.

Poco a poco a poco fueron desarrollando habilidades, y fueron puestos en grupos separados Scott demostró ser extremadamente analítico y lo transfirieron a inteligencia y Sarah demostró ser muy organizada, planificadora y una líder nata, así que la transfirieron a tácticas y estrategias avanzadas.

En seis meses ambos habían logrado más que otros, pero siempre estaban juntos en su tiempo libre, contagiaban a todos con su amor y esas ridiculeces. Eran tan especiales, en realidad eran la única pareja que había logrado florecer dentro del programa, no eran la primera, pero si la única que se adaptó rápidamente. Otras parejas sólo eran regresadas tan pronto veíamos que no funcionaban y no se adaptaban, este programa es más fácil para los solteros.

Era natural que subieran de grados, rápidamente subieron de cadetes a cadetes de primera clase y así escalaron constantemente, y claro, con los grados viene los accesos, su nivel de autorización subió y tuvieron información más interesante.

Ambos trabajaron en un programa en conjunto con una raza extraterrestre que buscaba codificar emociones.

Eran una raza muy racional, habían evolucionado vertiginosamente. Gracias a la tecnología su conciencia colectiva se expandió, pero sus emociones estaban contenidas por la lógica. Ustedes trabajaron con ellos para poder codificar los sentimientos y emociones para que pudieran experimentar la compasión y crear el deseo de ir más allá de las estrellas, conocer nuevos mundos e integrarse con las demás razas.

A pesar de que existen muchas razas más avanzadas que los humanos, no todos experimentan los sentimientos y emociones como nosotros, es por ello que algunas razas nos visitan como si fueran al zoológico.

Durante los últimos tres años de su servicio les mostraron un programa avanzado de hibridación de especies. No es un programa nuevo, tiene millones de años funcionando, incuso existen muchos híbridos en la tierra. Pero ustedes llevaron al programa a otro nivel y es por ello que están aquí. Al menos eso me dijo Charlie.

Pronto les darán más información y progresivamente recibirán sus recuerdos, se sentirán mareados y cansados porque recibirán veinte años de memorias en un solo día. Les recomiendo descansar. Sé que tienen preguntas, pero en cuanto recuperen su memoria todo será claro. Necesito que se pongan sus uniformes y coman algo.

Sólo tienen que regresar a su unidad y ahí estará todos lo que necesitan, si no está sólo verbalícenlo y la nave se los proveerá. Nos vemos mañana.

Jack se levantó de la silla e inmediatamente la silla se ocultó en el piso de la habitación.

Sarah y Scott estaban intentando procesar toda esa información sin éxito. Estaban seguros que ni quiera el Presidente de Estados Unidos, recibía un informe en su primer de trabajo liderando al mundo libre, como el informe que acababan de escuchar, es más, Jack les había dicho que parte de esa información se les daba a los cadetes en el transcurso de su primer año y ellos tenían que procesar todo en tan solo un día.

Sin mucho que decir y mucho que pensar se levantaron y se miraron mutuamente por un segundo que se sintió una eternidad, Scott tomó la mano de Sarah y ambos empezaron a caminar. Ambos sentían que toda esta situación era abrumadora.

No era un sueño y la realidad parecía ser totalmente subjetiva, es decir, todo lo que creían saber era sólo un fragmento de la composición existente del universo y nada de lo que se enseña en el sistema de educación hacía referencia a ello, por el contrario, se esmeran en ignorar esta información.

Mientras caminaban de la mano por el gran pasillo por donde habían ingreso minutos atrás, Sarah apretó fuertemente la mano de Scott, con un gesto le indicó que volteara a un salón más amplio en donde estaban todas esas personas que habían visto. Todas recibían la misma información como si tomaran una clase. Les pareció extraño que no tuvieran un informe más personal como el de ellos, así que infirieron que era la primera vez que esas personas estaban ahí.

Sarah miró a Scott y dijo

—Tengo hambre, todo esto me ha dejado muy cansada.

—Yo también. Jack dijo que en la habitación encontraríamos todo lo necesario. Me gustaría que tuviera algo de comer. — tan pronto dijo eso, una luz de un color azul tenue se dibujó en el piso de la nave y señalaba la ubicación de su habitación, parecía una imagen holográfica proyectada a unos cinco centímetros del suelo — Parece que sólo teníamos que pedirlo a la nave como Jack dijo.

Ambos siguieron la indicación que les mostraba la nave para llevarlos a su habitación.

Scott comenzó a sentirse un poco extraño. Se dio cuenta de que sus ojos se movían más de lo habitual, comenzó a contar el número de puertas, trató de medir mentalmente el largo del pasillo y decía el nombre de Jack con mucha naturalidad. Pensó hacia sí mismo que estaba comenzando a adaptarse muy rápido a la situación o quizás su cerebro comenzó a recordar algunas cosas. Sin dar más importancia continuó caminando, de cualquier modo, nada de lo que estaba sucediendo tenía sentido en lo absoluto.

Al llegar a su habitación notaron un cambio en la distribución de los elementos que estaban cuando se fueron, ahora parecía haber un baño que no estaba ahí, y había gabinetes además de una cama más grande en lugar de las dos camas individuales que estaban cuando despertaron. Sin decir nada ambos abrieron los gabinetes imaginando que sus pertenencias estaban ahí o quizás encontrarían unas sábanas, pero no fue así.

La temperatura era muy agradable, no necesitarían sábanas. Sólo se preguntaron para qué alguien pondría los gabinetes si lo único que tenían era su ropa para dormir.

Se sentaron a comer en la mesa. Había dos sándwiches en la mesa, preparados como cualquier sándwich que se prepara en una casa con dos vasos con agua.

Junto a ellos, dos raciones de alimento para militares en una caja que decía cuántos carbohidratos y proteína contenían en su interior. Les pareció extraño y de manera muy intuitiva al mismo tiempo tomaron los sándwiches y comenzaron a comer.

—Tengo que admitir que esperaba un sabor fuera de este mundo, pero es un sándwich promedio. — Dijo Sarah.
Sólo espero que no nos haga mutar. — Ambos comenzaron

a reír y se hizo una pausa incomoda. — Lo que no podemos negar es que es una vista inigualable.

—Y ahora qué — Sarah miró a Scott esperando sin saber qué debían hacer.

—No lo sé. Hace un momento en el pasillo me di cuenta que te decía el nombre de Jack con mucha familiaridad, comencé a contar las puertas que podía ver y traté de medir la distancia de ese pasillo. No sé qué sucede conmigo, pero sé que es algo que no haría usualmente.

—A mi pasó lo mismo, solo que yo conté el número de personas que había en el cuarto y vi todas las marcas en los uniformes de los oficiales. Y no creo que yo sea su asistente. Es muy arrogante.

—Definitivamente hay algo más con nosotros. Quizás es nuestra paranoia y mañana despertemos de nuevo en casa, por ahora sólo debemos dormir — y de pronto lo que parecía ser una cama matrimonial se elevó unos centímetros más a la altura estándar.

—Esta nave es muy entrometida, escucha todo lo que decimos. — y ambos comenzaron a reír y sin nada más que decir se acostaron y Sarah abrazó a Scott. Toda esa información vagando por su mente no les dejaba dormir, pero mientras el cansancio los vencía, fueron cediendo hasta quedar completamente dormidos.

Reportándose al deber

A la mañana siguiente ambos despertaron casi al mismo tiempo y se levantaron. Sostuvieron su mirada el uno con el otro por un minuto y se dieron un beso.

Junto a la cama se quitaron la ropa sin ningún pudor, ni incomodidad aparente, doblaron su ropa para dormir y caminaron hacia los gabinetes vacíos para meter la ropa ya doblada y enseguida los volvieron a cerrar.

Su postura y sus gestos eran muy diferentes, hacían todo con tanta naturalidad mostrando un comportamiento más relajado y con mayor seguridad en sí mismos.

Esperaron unos quince segundos mientras se hacían gestos y soltaban una risita de complicidad y los gabinetes se abrieron. Dentro de cada gabinete se encontraba un uniforme perfectamente doblado para cada quien, estaba hecho de un material similar al neopreno, no se podía ver una sola arruga o costura en los uniformes.

Al ponérselos, se hacían evidentes una cantidad impresionante de sensores internos, no estaban cosidos al uniforme, sino integrados. Tan pronto terminaron de ponerlos los uniformes se ajustaron por si solos de manera perfecta al mismo tiempo que la estructura de su composición cambiaba con ese ajuste, se hacía más rígido como fibras de Kevlar. En la espalda tenía una pequeña batería del tamaño de una tarjeta de crédito con la que el traje se alimentaba con una autonomía de hasta veintiún días sin necesidad de reemplazarla.

—Jack sabe cuánto odiamos esta comida empaquetada, seguro pensó que la tomaríamos para la cena — Scott aventó las cajas a una esquina de la habitación y las cajas simplemente descendieron en el piso.

—Conforme avanzaban hacia la puerta, todo en la habitación desaparecía hasta quedar formado un cubo prístino, resplandeciente con una ventana que permitía ver la vastedad del universo, sin duda era una vista que te hacía sentir pequeño.

A caminar por el pasillo, algunos cadetes los miraban y presentaban su respeto hacia las insignias en sus uniformes en posición de firmes, no hacían ningún saludo típico del ejército, ni decían nada como ¡Señor!, u ¡Oficial en el área!, era algo más solemne y discreto, sólo un humilde reconocimiento.

Su traslado por el gran pasillo duró muy poco. Caminaban más de prisa que la noche anterior. Esta vez siguieron de frente hacia la pared en lugar de girar y de pronto se abrió otra puerta que no era visible de manera permanente.

Acababan de entrar en el puente de comando de la nave y vaya que era una verdadera maravilla.

Era tan grande como un centro comercial con una vista del espacio casi completamente inmersiva. Sentías estar flotando el espacio al mirar arriba. A diferencia de todas las películas de ficción de las que Scott disfrutaba tanto en la Tierra, esta nave no contenía pantallas de alta resolución, ni paneles de controles avanzados, ni imágenes holográficas saliendo de todos lados. En su lugar sólo había un espacio prácticamente vacío en donde simplemente se encontraban alrededor de ochenta seres trabajando en diferentes áreas, coexistiendo de manera armónica. Había una pequeña sala en cada uno de los tres niveles del puente.

Lo que resultaba absurdo era que, si mirabas hacia el frente, el piso era blanco y podías caminar hacia donde quisieras, pero al voltear hacia abajo el piso se volvía traslúcido permitiéndote ver los pisos inferiores en donde había más seres trabajando.

A pesar de todo esto Sarah y Scott no estaban para nada impresionados.

Al entrar en el puente todos los seres dejaron de hacer lo que hacían, se hizo un profundo silencio, tan profundo que Scott podía escuchar su propia respiración. Esta inquietante pausa no duró. Algunos seres asintieron con su cabeza, otros sonrieron y unos más simplemente volvieron a lo que estaban haciendo.

Comenzaron a caminar hacia el centro de la sala, sabían exactamente a donde dirigirse, estaban en camino a una de esas pequeñas salas abiertas, eran como cubos salidos del piso de la nave en donde los seres y oficiales se sentaban a conversar, de igual forma que en su habitación, la nave se adaptaba a sus ocupantes y no al contrario.

No tenía ningún parecido con el puente de una nave de películas de ciencia ficción o de un buque de la marina, en donde la seriedad y las misiones hicieran que todo el ambiente fuera gris y sombrío; aquí se respiraba un aire casual y relajado en la convivencia de muchas razas de seres.

Mientras se acercaban cada vez más se podía ver a seres humanos conversando con seres muy distintos. Se comunicaban con unos dispositivos muy pequeños, parecían teléfonos inteligentes, pero no tenían pantallas. Se podía ver también a otros seres completamente inmóviles y algún oficial humano asintiendo su cabeza, esto era debido a que se comunicaban telepáticamente. Algunos simplemente conversaban en inglés y se les veía reír a su manera, ya que no es agradable ver reír a un insectoide.

Había pequeños seres con rasgos de reptil, no tenían cola, su piel era escamosa de un verde musgo con un naranja pálido, sus ojos eran obscuros a diferencia de los ojos de los reptiles en la tierra.

No todos los seres con rasgos de reptil se veían igual, estaban también otros reptiles más altos, de casi dos metros y medio, con un aspecto más imponente y tenían unas pequeñas alas, no parecían ser funcionales para volar, es como si estuvieran atrofiadas, pero sí tenían cola era muy larga su rostro era más alargado, su piel era escamosa y más rígida, emulaba la piel de un cocodrilo.

Un ser que llamaba la atención era uno con rasgos de ave porque sus coloridas plumas se difuminaban con la piel, y en lugar de manos tenía manos con unas pequeñas garras, su pico era muy pequeño, era como ver una boca inflamada, casi no parecía un pico. Sus piernas no eran invertidas como las aves de la tierra eran más bien como un humanoide con forma de ave, pero su piel tenía un brillo que se mezclaba con unos tonos dorados hasta convertirse en plumas del antebrazo hacia la cabeza. Vestía una toga plana de un color azul eléctrico.

Y como ellos había muchos más que parecían las formas evolucionadas de animales de la tierra como un león, chacal, mantis religiosa, hormigas y dinosaurios. Era una reunión muy diversa. Estaban también algunos hombrecillos grises y todos simpatizaban sin ningún problema, parecía una reunión en el salón de las Naciones Unidad en donde las razas, credos y partidos políticos no existen, solo seres humanos; aquí podría decirse lo mismo, pero serían solo seres.

Todos los rincones del universo estaban representados de una u otra forma en el puente de esta nave.

—Hola a todos, ¿nos extrañaron? — Sarah sonreía mientras cerraba un ojo.

—Sólo se fueron unos años. Para mí no fue más un parpadeo. — dijo Charlie — Por otro lado, Jack si los ha extrañado.

—Les estaba contando que ayer me preguntaste si te estaba reclutando — dijo Jack sonriendo y dándose palmadas sobre las piernas

—Si, lo recuerdo perfectamente. Por la mañana me causo gracias mientras me ponía el uniforme. ¿Para qué me diste un briefing? Lo único que tenían que hacer era despertarnos hoy. No era necesario que hicieras eso.

—¡Bromeas! — dijo Jack — Era mi única oportunidad de ver su cara de tontos y jamás la desaprovecharía.

—¿Tu asistente? ¿No se te ocurrió otra cosa mejor? — Sarah veía a Jack y se reía mientras se recordaba a sí misma la noche anterior, asustada y con miedo a lo pudiera suceder.

—¿Y bien? Veo que ya es hora. — Scott mostraba una actitud de autocontrol y determinación.

—Hemos convocado a todos. Incluso los seres de luz están aquí.

—Me parece bien. Estamos listos y reportándonos al deber. — Scott no lo decía como una muletilla militar que se repitiera como un mantra, sabía que era una convicción.

Todo esto era gracioso porque en realidad Sarah y Jack eran Sargentos mientras que Scott era Mayor. Pero su relación de trabajo se basaba en una lealtad incuestionable. Por eso a los tres ese informe, les pareció algo divertido.

Extracción fallida

Jack se sentía muy emocionado de ver a sus dos amigos. No es una persona afectuosa, pero tiene sentimientos, al fin y al cabo, no deja de ser humano.

Jack se enamoró de Sarah desde el primer instante en que la conoció en el programa de formación de cadetes. Todos los días era una interminable competencia con Scott en las pruebas; quería impresionarla, pero ellos eran inseparables.

Scott tendía a sobresalir al igual que Jack en todas las pruebas que recibían, eran dos personas incansables dando siempre lo mejor de sí.

Eventualmente Jack se dio cuenta que la competencia disminuía dando paso a la cooperación y luego al compañerismo. Un día simplemente se hicieron buenos amigos y a pesar de lo que sentía por Sarah comenzó a alegrarse de que ella estuviera con su amigo Scott.

Una a una pasaron todas las pruebas, desde análisis de amenazas y riesgos, pronóstico de bajas y fatalidades, tácticas y estrategia militar e infiltración. Eran un equipo imparable, pero el servicio dura sólo veinte años. Existen acuerdos que no se pueden quebrantar.

Las misiones que tuvieron juntos los hicieron compartir muchas experiencias que forjaron sus lazos de lealtad y compañerismo.

Jack nunca olvidaría las veces en las que Sarah y Scott estuvieron junto a él cuándo todo salió mal en una misión de extracción.

Era una misión muy fácil. Tenían que hacer una extracción de un híbrido en un planeta en donde no estaba permitida la intervención debido a que el planeta era habitado por una raza joven que iniciaba con su proceso evolutivo.

Nada podía salir mal, tenían la tecnología y todo lo necesario para poder entrar y salir sin ser vistos. Era una misión de una sola persona, Jack iba solo en una nave para retirar a un híbrido que fue llevado a ese planeta de manera ilegal, rompiendo los acuerdos de la Alianza.

Querían elevar el nivel de desarrollo de ese planeta para poder colonizarlo en cuanto la raza comenzara a mostrar signos de inteligencia desarrollada diferente a la inteligencia instintiva animal o vegetal.

Es una práctica que algunas razas utilizan para poder obtener recursos de algunos planetas. Las razas más avanzadas tienen problemas manteniéndose en la densidad del plano material y ello les impide realizar muchas tareas por sí mismo. Es por ello que se valen de la tecnología. Aun así, siempre es más fácil que alguien haga las cosas por ti, y más si vives cientos de miles de años, es algo que les da una ventaja.

Jack estaba a punto de descender en un paraje desolado para extraer al híbrido que se ocultaba en una montaña cubierta de una exuberante vegetación, cuando fue derribado por una fuerza extraña. No aparecía nada en los radares de su nave, no había nadie más que el híbrido. De inmediato pidió refuerzos.

Sarah vio el llamado de Jack pidiendo refuerzos y de inmediato llamó a Scott, lo estaba esperando en una nave de extracción. Scott no asistía a misiones de campo a menos que fueran de carácter diplomático, ya que él se encontraba en el área de inteligencia, sin embargo, nadie le cuestionaría tomar una nave e iniciar una misión.

Scott partió junto con Sarah en busca de Jack, les tomó tan sólo cuatro minutos llegar en un salto a la ubicación que marcaba el transpondedor de Jack creó un campo holográfico como un domo que medía kilómetros, para que nadie pudiera ver ni escuchar lo que sucedía en su interior, convertía el área interna en un espacio contenido herméticamente acústica y visiblemente.

Scott corrió hacia la nave que estaba estrellada para rescatar a Jack, quien se encontraba en el piso junto con el híbrido. Era un ser humanoide de piel blanca y ojos azules, con una estatura de un metro cincuenta aproximadamente, tenía una extraña protuberancia entre los ojos, un rasgo característico de la raza de ese planeta. El híbrido parecía estar pidiéndole ayuda a Jack en una lengua muy extraña que incluía sonidos guturales.

Sarah mantenía un perímetro seguro con unos pequeños drones esféricos que instaló cerca del área los cuales estaban cargados con armas de plasma. Al mismo tiempo estaba alerta por si aparecía el agresor. Sarah era una mujer ruda, le gustaban las misiones de campo, pero ahora se mostraba perturbada porque podía ver a su amigo desangrarse.

En cuanto Scott llegó junto a Jack el híbrido comenzó a convulsionarse.

Existe un protocolo de asistencia para muchas razas y especies. En cada nave de extracción está equipada con unas pequeñas cajas que se ponen sobre los cuerpos. Estas se expanden al tamaño del ser y se llenan de un gel que pone el cuerpo en un estado estático de suspendido animada, dando tiempo para ser atendido en otro lugar.

Scott le pidió a Sarah la cámara de suspensión sobre el híbrido y de inmediato se activó dejando en animación suspendida al ser dentro de ella. La cámara era automatizada, se dirigió hacia la nave sin ningún contratiempo. Y de inmediato caminaron para asistir a Jack.

—Scott. ¿Qué haces aquí? —Jack se veía muy sorprendido de ver a Scott en una misión de rescate.

—Sabes que no me gusta dejar basura en planetas jóvenes — ambos rieron, pero Jack se veía mal. — Aguanta un poco más, sabes que esto dolerá un momento. En la nave te pondremos en el restaurador y quedarás como nuevo.

El restaurador es una máquina que trabaja a nivel cuántico y energético a través de frecuencias y vibraciones específicas en el rango de los ocho hercios o ciclos por segundo para el caso de los humanos, ya que es el rango vibracional de la Tierra y varía dependiendo cada raza o especie.

Puede curar a una persona en cuestión de horas si llegase a padecer cáncer, VIH, alguna enfermedad degenerativa o cualquier otra enfermedad incurable en la Tierra, y también ayuda a unir a nivel celular las prótesis sintéticas de extremidades y órganos de perdidos de los cadetes en accidentes o batallas, ya que están hechos con su propio ADN. Existen muchos restauradores en el programa espacial.

—Gracias Scott. —Jack comenzó a desvanecerse y se desmayó.
—¿Está bien? — preguntó Sarah.

—Si. Estará bien

—Scott. Su brazo. — Sarah podía ver como el brazo de Jack comenzaba a desintegrarse, el tejido se volvía necrótico a una velocidad apremiante.

—El híbrido estaba con él. No sé qué pudo haber sido.

—Se está desintegrando.

—Rápido, trae otra cámara de suspensión.

Sarah presión un pequeño display en su brazo y de inmediato un dron trajo una cámara de suspensión hacia su posición. Y enseguida pusieron a Jack dentro de ella. Es como si estuviera en una cámara hiperbárica flotante con gel criogénico en su interior.

Ambos subieron a la nave y se marcharon sigilosamente dejando atrás un par de drones de vigilancia invisibles en el espectro de luz de ese planeta, en caso de que pudieran identificar qué causó la caída de la nave de Jack. Ambos sabían que los habitantes de ese planeta no tenían la capacidad tecnológica para derribar la nave.

Charlie estaba orbitando el planeta a la espera para proveerles asistencia en su nave, la cual era una nave muy avanzada. Un equipo médico estaba esperándolos para recibir a Jack y llevarlo al restaurador, pero tan pronto descendieron, Scott se dio cuenta que el brazo de Jack seguía descomponiéndose aún en ese estado de suspensión animada inducida, así que corrieron detrás de ellos. Sarah tenía entrenamiento especializado cómo técnica de tejidos, había estudiado más de mil muestras de tejido de diferentes criaturas y seres; sin embargo, nunca había visto algo así.

Tan pronto sacaron a Jack de la cámara de suspensión su cuerpo comenzó a convulsionar al igual que el híbrido y de inmediato la luz del ambiente de la sala cambió de un blanco brillante a un rojo intermitente por unos segundos y de inmediato regreso al color blanco.

Un segundo después las compuertas se cerraron con una rapidez impresionante con el silbido de un vacío, era el conducto de extracción que había sacado de la nave partículas de aire que pudieran estar contaminadas. Y de manera muy organizada la nave se expandió sólo el espacio necesario para mover el cuarto de operaciones hacia un extremo de la nave, era como ver un cubo moviéndose en un laberinto.

La nave era un organismo vivo que entendió que había un alto riesgo de contaminación y encapsuló el área y la traslado hacia un lado de sí misma por la parte externa, de modo que estaba unida sólo por un lado del cuarto de operaciones, de tal forma que, si la contaminación se salía de control, la nave se desprendería de ese módulo para salvaguardar al resto de la tripulación.

Los técnicos y médicos trabajaban a marchas forzadas en vano. Nadie en esa habitación sabía que estaba sucediendo. Scott se comunicó con un insectoide por el comunicador para solicitar asistencia. El insectoide era un consultor para los oficiales, trabajaba en inteligencia junto a Scott, ellos no tenían rangos, únicamente participaban como asesores.

El insectoide le ofreció disculpas, sin embargo, no sabía que era que lo sucedía, y de forma fría le pidió guardar una muestra de tejido para estudiarlo después.

—El no morirá, la muestra la obtendrás del híbrido. — Scott se rehusaba a creer que ya no vería a su amigo.

—El híbrido ya no existe, se desintegró en la cámara de suspensión. — comunicó telepáticamente y con gran indiferencia el insectoide a Scott para que nadie más lo — pudiera escuchar.

—¿Qué? — Scott sabía que si no actuaba rápido lo perdería.

El protocolo al utilizar el restaurador era realizar un pinchazo imperceptible en cuello al momento de acostarse en él. Con un rociador se aplicaba anestesia local y el paciente no sentía la toma de la muestra de sangre. Esto se hacía para que en caso de ser una muy fuerte lesión y perdiera la vida, se tendría material genético perfectamente conservado para trasladar su conciencia a otro clon.

El problema al que se estaban enfrentando ahora era que el cuerpo de Jack se desintegraba rápidamente y el tejido del cuello estaba siendo comprometido.

–Sara necesitamos células madre. Tenemos que extraerlas de la medula ahora. — Scott dio la instrucción y Sarah sabía perfectamente a qué se refería.

Todos los oficiales de rango O1 y de manera ascendente tenían un respaldo de sus propias células madre en un banco criogénico en la división de genética avanzada, Scott por ejemplo era nivel O4. Al obtener el rango de oficiales se les realizaba un proceso de extracción con un dispositivo muy avanzado y minimalista que realizaba la cirugía de manera poco invasiva y una cicatriz de tan sólo el grosor de la aguja. Jack y Sarah eran nivel E9 y no tenían su respaldo asegurado, y el tejido de Jack se comprometía a cada segundo.

Sarah realizó la extracción de células madre de la médula ósea de Jack, las puso en una bolsa hematológica y al terminar de guardar la bolsa en un contenedor criogénico se giró para ver a Jack y despedirse de él, pero sólo había una masa amorfa sobre la cama de operaciones.

Scott abrazó a Sarah.

—Hiciste un excelente trabajo. — Ya veremos a Jack el próximo año.

Ambos se retiraron el traje esterilizado, se fueron una ducha de iones y pasaron directo hacia a la cámara de desinfección mientras la nave de manera autónoma ponía los restos de Jack en un contenedor sellado herméticamente, era impresionante ver cómo se limpiaba por sí misma. Luego de la desinfección completa que dura apenas unos cinco segundos, se dieron cuenta que la sala seguía sellada y antes de que pudiera preguntar escucho una voz en su cabeza.

—Lo siento Scott tendrás que permanecer ahí con Sarah hasta saber acaba de suceder. —dijo el insectoide telepáticamente.

—Sé que no lo sientes, pero entiendo lo que dices. — Scott sabía que los insectoides no tienen la misma capacidad que los humanos para sentir y ser empáticos, sin embargo, aprendieron a expresarse de ese modo como una moda en el lenguaje.

Al cabo de un par de horas la puerta se abrió y pudieron salir. Mientras tanto ellos platicaban de trivialidades, pero conocían los protocolos y no se tocaron durante ese tiempo.

El insectoide los esperaba afuera, todos le decían Sam, aunque en realidad no tiene nombre, únicamente le preguntas y respondes, no necesitas activar la conversación como cuando le hablas a Alexa, es algo tan simple como pensar en él y preguntar con la mente y responderá porque sabrá que le estás haciendo una pregunta y su capacidad de comunicación es tan avanzada que puede mantener múltiples conversaciones telepáticas al mismo tiempo.

—¿Pudieron identificar qué fue lo que sucedió a Jack? — pensó Scott hacía el insectoide.

—Sabemos que fue y quien lo provocó. Y no te gustará la respuesta.

El gran plan

Después de conversar un rato y reír sobre haberles dado un briefing cuando no era necesario, Jack los condujo al cuarto de estrategia en donde se verían con Charlie. Entraron en el cuarto de tácticas y estrategias para obtener un informe de la próxima misión, o eso era al menos lo que pensaban, ya que no había otra razón para ser llamados a esa sala.

Sólo que en esta ocasión estaban solos con Jack y Charlie. No había asesores o consultores, oficiales, ni técnicos. Y todo apuntaba a que sería una reunión confidencial a juzgar por el sincretismo en el ambiente.

Charlie les señaló con la mano extendida en un gesto muy armónico unos pedestales similares a pódiums de color blanco que salían del piso. La parte frontal estaba inclinada a 45° para permitir la visibilidad entre ellos. El display estaba hecho de una composición de materiales líquidos con grafeno, al hacer un gesto com la mano sobre la plataforma, se convertía en una pantalla que rastrea el movimiento de las manos, sin la necesidad de hacer contacto. Funciona muy similar a las pantallas táctiles, a excepción de que estas pantallas no se tocan, únicamente hay que realizar una serie de gestos intuitivos para navegar sobre la información o los videos holográficos que muestra en gran detalle, profundidad y nitidez, con movimientos suaves de las manos.

Todos activaron sus pantallas para comenzar la reunión, esta vez comenzó Jack con el uso de la voz

—Hablaremos sobre el destino de la humanidad —dijo Jack lacónicamente.

Hablar del destino de la humanidad es algo que ciertamente debería incluir algo más que tres clones y un extraterrestre en una sala. Sin embargo, fue dicho de una forma tal que parecía no ser gran cosa, como si se estuviera hablando de una granja puesta en venta y se decidiera que se haría con los animales en ella.

Aunque tomando en consideración la edad de la tierra, el número de razas que han precedido a la humanidad, el número de planetas habitados y el número de razas inteligentes en el cosmos, en verdad tendría lógica pensar en la humanidad como los habitantes de una granja, sin embargo, era inverosímil ver a tres humanos hablar del destino de su propia especie.

—Como todos en esta sala saben, — dijo Charlie — existen fuerzas que han dominado por generaciones y no han permitido el florecimiento de la civilización en la tierra.

El consejo no nos permite intervenir directamente, sin embargo, aquellos que no forman parte de la Alianza lo han estado haciendo por más de dos mil años.

La humanidad continúa en la transición de la era de Piscis a la era de Acuario y a pesar que la Alianza no están de acuerdo con el retraso de su despertar, ha enviado buenos emisarios para ayudarles, sin embargo, han sido constantemente boqueados, interceptados, ocultados o destruidos.

Estos emisarios han entregado tecnología libre de energía ilimitada. Han viajado atrás en el tiempo para dejar tecnología enterrada, dejando pistas sobre dónde buscar. Se ha instruido a grupos herméticos conocimientos antiguos para convertirlos en maestros que ayuden a la humanidad a despertar. Se les dio tecnología de comunicaciones y desarrollaron el internet.

E incontables veces las grandes corporaciones y el cabal han eliminado, patentado u ocultado esta tecnología para seguir obteniendo frutos del petróleo, el gas y la electricidad. Han utilizado su clúster militar privado para ocultar y conservar toda la tecnología que se ha enviado y aplastar o aniquilar cualquier amenaza a sus intereses. Han ocultado las grandes bases prohibiendo visitar la Antártida y el centro de la tierra con restricciones de vuelo sobre los polos. Juntos han creado sus propios grupos herméticos para infiltrarse como iniciados y confundir a la humanidad, han inundado el internet con basura y la deep web aún más. El internet ha perdido el sentido de la colaboración internacional y la unificación.

El consejo no intervendrá, pero han sido muy claros en su mensaje hacia la Alianza.

Todos tenemos un mismo principio rector y debemos actuar a favor de la conciencia universal.

Lo que vamos a hacer está fuera de todo código, nada de esto está escrito, pero sabemos que debe suceder. Las eras no se pueden interrumpir o la raza humana se quebrantará y perecerá. Las energías están cambiando y la humanidad no soportará más viviendo del modo en que lo ha hecho los últimos cincuenta años.

Ya es hora. Tendremos que inducir el despertar.

Reinaba un silencio en la sala, todos estaban prestos a escuchar el gran plan de la Alianza. Charlie era conocido por ser un intermediario entre el Consejo y la Alianza.

—Si el consejo no intervendrá, supongo que no intervendrá tampoco en contra de la Alianza si decide hacer algo al respecto. Por lo que veo factible que iniciemos con un plan. —dijo Jack

—¿Y cuál es el plan de la Alianza? — preguntó Sarah.

—Es para eso que los he traído de vuelta. No hay un plan.

Charlie hizo una pausa seguro que recibiría algunas preguntas predecibles, para lo cual estaba preparado para responder.

—Si no hay un plan, ¿para qué nos hiciste venir? eso no forma parte del acuerdo veinte y regreso.

Scott era el único que hablaba de ese modo con Charlie, el resto mantenían un nivel de conversación propio con un embajador. Prácticamente estaba cometiendo un acto de insubordinación en niveles muy altos.

—La Alianza no quiere tomar acción en este momento. Existe una separación actualmente al interior de la Alianza y sus opiniones están divididas. Están buscando un camino diplomático para llegar a un acuerdo, pero sabemos que eso puede tomar varios años terrestres.

No sólo acabo de traerlos de vuelta en contra de los acuerdos del programa 20 y regreso, también los he traído para terminar un proyecto inconcluso, pero ya habrá tiempo para tratar ese asunto.

Esta conversación existe porque estoy actuando fuera de los lineamientos de la Alianza bajo la premisa de no intervención que el Consejo ha adoptado.

Estoy actuando cuando otros han decidido no hacerlo, soy amigo de la Tierra, y la influencia Reptiliana debe terminar, debemos equilibrar la balanza, para que la humanidad pueda florecer y evolucionar.

Los Reptilianos son un grupo de desertores de la raza de los reptoides que han invadido múltiples planetas para obtener recursos de ellos, principalmente energía sutil emanada por razas de nuestro plano de existencia.

Este grupo cohabita entre la tercera y cuarta dimensión de existencia. Tienen la habilidad de materializarse y cambiar de forma a su antojo. Han estado alterando el curso natural de la humanidad a través del empoderamiento de ciertos grupos de poder que poseen las compañías más grandes del mundo, a quienes han provisto de tecnología y conocimientos para poder dominar las pequeñas voluntades de los humanos. Su intención es mantener un estado de opresión para seguir alimentándose de las energías sutiles del dolor y el sufrimiento en la Tierra.

La Alianza está dividida entre hacer publica nuestra existencia e intervenir en la Tierra o hacer una intervención con algunos infiltrados de manera lenta y discreta a través de la creación de un grupo de contrapeso.

Un grupo piensa que una intervención total desatará el caos en la raza humana. Ya han pasado por mucho en las últimas generaciones, les han quitado a sus dioses, los han oprimido, les han impuesto el uso del dinero y el crédito para endeudarlos, y han fragmentado las familias quitándole poder a las mujeres, desequilibrando el núcleo familiar, les han enseñado múltiples lenguajes para que no se puedan comunicar, así como la idea del territorio para que edifiquen fronteras y muros. Se les ha dado política para que puedan imponer múltiples experimentos sociales.

La población está desfragmentada, dentro de su interior sabe que la vida que tienen no es la vida para que fueron traídos al mundo, pero aún no pueden levantar el velo para conocerse a sí mismos y conocer su verdadero potencial.

Si hacemos la intervención total sumaríamos más caos, las creencias en sus dioses volverían a colapsar, sus fronteras carecerían de sentido, las energías no renovables no tendrían razón de existir, el dinero no tendría una función y afrontarían el miedo más grande que el ser humano puede experimentar; el miedo a perder. Lo perderían todo y ese caos reduciría todo a cenizas con la esperanza de tener un mundo nuevo resurgido de ellas.

Se cuestionarían todo, la energía cósmica acumulada se disiparía; las memorias de la tierra se harían más tristes. La energía de la tierra ya está comenzando a agonizar por la desconexión de los seres humanos.

Una infiltración, por el contrario, de manera suave, lenta y discreta podría tener un efecto menos catastrófico pero injustificado, no hay razón para aletargar lo inevitable. La idea de que el dolor es necesario para trascender les ha sido grabada por tantas generaciones que ahora lo portan como un tatuaje un su ADN. La resistencia es necesaria para trascender mas no el dolor.

He convocado a los amigos de la humanidad para poder intervenir en un punto medio. No tomaremos acciones polarizadas en ninguna de las dos vertientes que la Alianza está evaluando. Buscaremos un punto medio para hacer caer uno a uno sus bloqueos, rasgar el velo de su realidad y mostrarles un mundo nuevo.

Todos ellos están dispuestos a ayudar, pero no tenemos permitido infiltrarnos en la tierra para ejecutar nuestro plan. Y es por ello que los necesitamos.

—¿Qué debemos hacer? Preguntó Scott, quien sentía un cariño sincero por Charlie. Jack era su mejor amigo, pero

Charlie era un maestro para él, sentía un gran respeto por él.

—Comenzaremos con la primera fase.

Conforme Charlie hablaba se actualizaba la información en las pantallas de grafeno de todos en la sala con pequeñas líneas de información. Frente a ellos, en una de las paredes de la sala, de piso a techo se había convertido en una gran pantalla mostrando información más compleja sobre los detalles del plan de la Alianza.

—Reuní a algunos de los miembros de la Alianza que han salido del planeta Tierra o que son amigos de ella y de sus especies. Todos han aportado mucho, sin embargo, las ideas vertidas, son muy diferentes.

—La mayoría piensa que creando un colapso en la economía desencadenaríamos múltiples eventos a la vez. Esto va a propiciar un endeudamiento global que hará que todos los humanos pidan créditos para poder seguir subsistiendo. Verán que sus deudas crecen mientras que se vuelven imposibles de pagar.

La intención es colapsar la banca y la bolsa de valores a nivel mundial. Esto será catastrófico al inicio, pero el hambre y la necesidad, los llevará a reinventarse y buscaran otras alternativas para alimentarse y sobrevivir.

En este punto no habrá grandes corporaciones, la guerra carecerá de sentido, la supervivencia será la prioridad.

Todos los consejos y organizaciones dejarán de existir, los grupos de poder recibirán el mensaje de un pueblo hambriento y con ganas de vivir y eventualmente los Reptilianos perderán toda influencia con los grupos a quienes podían controlar, seguirán estando presentes, pero no entenderán qué ha desencadenado todo, pensarán que una vez que todo se estabilice podrán buscar de nuevo a un nuevo grupo para poder influenciar.

Los servicios no funcionarán, de un día a otro las televisiones, teléfonos dejarán de funcionar por que las compañías no tendrán ingresos para proporcionar el servicio y cerrarán.

Ahí es donde encontrarán la respuesta en el campo. Recibirán la ayuda de nuestros hermanos del reino vegetal, revigorizaremos la tierra y la haremos fértil.

Enviaremos semillas que nutrirán la tierra nuevamente quitando todo rastro de pesticidas, fertilizantes y químicos que han dañado el suelo del planeta por generaciones. Comenzará a haber más vegetación de manera espontánea y sincronizada con el pico del caos.

Lo siguiente será que la humanidad se cuestionará el propósito del dinero. Intentarán hacer experimentos con modelos de intercambio, buscarán implementar una nueva moneda, pero todas las grandes mentes y bellas almas que han sido ridiculizadas, amenazadas, ocultadas y subyugadas en el pasado, les darán las respuestas que los emisarios les han dejado en el último medio siglo.

Crearán una sociedad universal basada en la tecnología y para que esto suceda se tendrán que repensar todos los trabajos del mundo.

Los Reptilianos no podrán dominarlos si desarrollan su espiritualidad, si se conectan con centro, si contemplan la naturaleza.

Serán humanos libres, ninguna raza los podrá poseer, el ciclo estelar continuará. La precesión podrá seguir su curso en armonía y este hermoso planeta escuela seguirá alimentando las experiencias a la memoria universal. Es así como debe ser.

Esta es la nueva vida, todo será a partir de entonces decisión de la humanidad y el curso que tomen será consecuencia de sus actos, sin la intervención de nadie más.

Todo esto comienza con un primer paso.

Hemos imaginado múltiples formas para poder iniciar el colapso de la economía mundial, desde pandemias, cataclismos, pulsos electromagnéticos, hasta nuestra aparición en las Naciones Unidas. Finalmente decidimos que todas nuestras ideas sería llevar nuestra intervención más allá del nivel de la humanidad. Y es por ello que les pedimos a ustedes que nos ayuden a tomar esa decisión.

Scott tú eres el estratega más capaz que conozco, y también el único con la capacidad de ver todos los escenarios posibles.

Scott entendió exactamente a qué se refería Charlie en esa última frase, pero lo que seguía, no sería nada fácil.

—Muchas gracias por el honor, pero esto es poner una gran responsabilidad sobre nosotros tres. — Sarah no estaba tan convencida de que fuera una buena idea y no quería esa responsabilidad sobre sus hombros.

—En realidad, es sólo sobre ti. — Charlie miró a Scott, pensó que era momento de hacerle saber su propósito real en el programa 20 y regreso — Desde que te trajimos al programa te hemos dado acceso a muchas razas y formas de vida; te hemos llevado a visitar otros planetas; has podido participar en nuestros programas avanzados de tecnología y todo ha sido una preparación. Creemos que tu inteligencia y capacidad analítica siempre han sido superiores, hemos realizado mejoras en tu ADN y tienes un potencial infinito. Debes tomar una decisión y comunicarla con nosotros, puedes decidir no participar, incluso nos puedes pedir no intervenir y todos podemos esperar a que la Alianza delibere y tomen una postura.

Charlie abandonó la sala tranquilamente, mientras que Sarah y Jack miraban a Scott con preocupación. A ninguno de los dos les gustaría estar en sus zapatos en ese momento, de cualquier modo, no era necesario demostrarle su apoyo, Scott sabía que lo tenía sin chistar, más allá del rango y deber, era una lealtad que trascendía la amistad.

—Salgamos de aquí, pronto llegaremos a la base y me gustaría visitar al General antes de tomar una decisión.

Saliendo de la sala fueron a sus respectivos camarotes y en menos de 2 minutos estaban en la base.

Esta base se ubicaba en la luna, en donde compartían espacio con muchas razas alienígenas y todas coexistían con una diplomacia eficiente.

Ingresaban por el lado obscuro de la luna hacia el interior por un conjunto de canales que los conducían hacia la base que no era más que un área asignada en su interior. El descenso era un poco lento, ya que no podían viajar muy rápido en el interior, la pared exterior de la luna es de hasta cuarenta y ocho kilómetros antes de llegar al centro hueco, en algunos puntos la corteza es más delgada, llega a ser sólo de treinta y un kilómetros.

La NASA y científicos rusos han impactado intencionalmente módulos lunares y pequeños satélites para corroborar esa teoría de que la luna es hueca. Ellos no tienen acceso a la información del programa espacial, pero saben que la densidad de la Luna es menor a la de la Tierra y no corresponde a su tamaño. Es demasiado ligera para ser un satélite natural, y también les llama la atención la incontable cantidad de anomalías que existen sobre la Luna desde la invención del telescopio y que han sido registradas por astrónomos reconocidos.

Al descender de la nave se podía observar a cientos de personas descendiendo de ella, sólo que la nave era tan pequeña por fuera. Es como si engañaran a las leyes de la física, por dentro la nave parecía no tener fin, pero por fuera era muy pequeña, las medidas no correspondían, era algo inverosímil. Esta tecnología la tenían únicamente las naves de la Alianza, mientras que las naves de la Federación eran muy avanzadas en comparación de los transbordadores de la Tierra, pero no al nivel de las naves de la Alianza.

Al llegar a la base les tomó un minuto llegar con el General.

—Señor. —Scott habló en un tono militar, y luego de un segundo se relajó como si pronto el rango del General desapareciera.

—Scott que gusto verte. Pensé que no regresarías. ¿Qué haces aquí?

—Necesito hablar contigo. — Su tono de voz era más bajo y relajado. Tomo un aire muy personal.

—Claro, pero... ¿Cómo sabias que estaría aquí?

—Amas trabajar aquí, no eres de los que regresa a la tierra y supuse no vivirías en Thalos Dos todos los días, así que fue una corazonada.

—Tú me conoces. Y viéndote aquí, parece que también amas tu trabajo. ¿Pero habías decidido regresar a la Tierra para tener una vida normal con Sarah? Por cierto. ¿Cómo está ella?

—Está afuera con Jack. Les pedí que esperaran diez minutos.

—Hum… Veo que será una visita rápida. Dime en qué te puedo ayudar Scott.

—Es algo muy complejo, pero intentaré resumirlo para ti. Ayer Sarah y yo fuimos traídos de vuelta porque un grupo de la Alianza liderado por Charlie tiene la intención de intervenir en la tierra para restarle poder a los Reptilianos disidentes.

Han convocado a muchas razas amigas de tierra, pero las consecuencias de sus planes pueden ser desastrosas. El Consejo no intervendrá si la Alianza hace o no algo al respecto y la Alianza ha iniciado con un debate sobre qué deberán hacer. Charlie ha llegado a la conclusión de que esa decisión no les pertenece. Y me pidió tomar esa decisión.

—Ya veo. — Dijo el General, como si fuera algo muy sencillo de procesar — ¿Sarah y Jack lo saben?

—Sarah y Jack están al tanto de esta situación.

—Entonces ¿Por qué están afuera mientras conversamos?

—Que listo eres. — Scott hizo una pausa innecesaria — Necesito acceso al orbe.

—Jajaja. Creo que te frieron unas neuronas al traerte de vuelta. Jajaja — El General reía a carcajadas. Parecía haber escuchado el mejor chiste de su vida. Pero poco a poco su risa disminuyó cuando se dio cuenta que Scott seguía inmóvil frente a él. — Ah... Lo siento Scott, pero sabes que ni siquiera ni el Comandante, ni el Ministro tienen acceso a él. No es un juguete del que podamos disponer. Pero te agradezco que me hayas hecho reír, mi día estaba siendo muy aburrido.

—Me cobraré el favor que me debes David. —Dijo Scott muy serio levantando las cejas.

—Eres un valiente hijo de perra para venir hasta aquí y cobrarme el favor que te debo. Pero te di mi palabra Scott. Voy a ser honesto contigo ahora, no quiero crearte ninguna expectativa. No se cómo puedo darte acceso al orbe, nunca he estado cerca de él. Sólo conozco su existencia por Charlie.

— Tengo todo planeado. No te preocupes por ello.

Salvando a Thalos Dos

Scott ayudó al General David Miller en varias ocasiones a corregir el curso de sus decisiones tácticas y estratégicas gracias a la habilidad analítica que poseía.

El General había sido enviado en una avanzada por parte del programa espacial para una misión de reconocimiento. El propósito era establecer contacto con el embajador de Thalos Dos y poder crear una base estratégica en este planeta. Los habitantes ya poseían conocimiento de otros mundos y otras especies, por ello se les permitía interactuar con ellos y tener visitas diplomáticas.

El objetivo era tener aprovisionamiento más eficiente en dos planetas cercanos que eran vigilados por la Alianza. Esos pequeños planetas existían razas humanoides tecnológicamente no evolucionadas, pero con un alto grado de espiritualidad. Y como parte de los acuerdos de protección, se les proveería de seguridad para evitar ser intervenidos por disidentes que buscaran minar los recursos de ese planeta.

Thalos Dos era un hermoso planeta abundante en todo sentido, el lugar poseía un aire místico y una neblina misteriosa todo el tiempo. Tenía una raza elevada espiritualmente, estaban atravesando el tercer ciclo de su era, hablaban poco y amaban en demasía, su único problema era que ya no se podían reproducir tan fácilmente, estaban convirtiéndose en una sociedad estéril en las últimas generaciones. El planeta orbitaba alrededor de una estrella azul, de tal forma que su atmósfera era muy brillante con luz fría, los ciclos alrededor de su estrella tenían una duración de dos años y medio terrestres y sus habitantes eran longevos, llegaban hasta los seiscientos años humanos, que equivaldrían a unos doscientos cuarenta años en su cronología. Adoraban pasar el día contemplando la naturaleza y meditando. Sus reuniones sociales eran aburridas a los ojos de cualquier humano.

El General Miller durante su estancia se enamoró del corazón de Narahn, la hija del embajador. Físicamente era diferente a una humana en muchos sentidos, sus orejas eran más pequeñas, sus hombros eran más caídos, su ojos ligeramente más separados, un poco inclinados y más grandes.

No tenían cabello y su cuerpo era perfecto. Todos los habitantes de Thalos Dos tenían un cuerpo perfecto a pesar de no hacer ejercicio, su alimentación era natural, no cocinaban, tomaban lo necesario de los frutos y la vegetación.

No era una belleza habitual, pero el General se enamoró de su corazón. Fue un amor que creció y creció a lo largo de tres meses mientras que las negociaciones se caían y la posibilidad de tener una base se desvanecía.

La Alianza necesitaba tener esa base. Rápidamente se dieron cuenta que el General no estaba entregando resultados favorables en la negociación y fue reemplazado por un embajador de la Alianza quien continuó con las negociaciones, desafortunadamente, éstas no tuvieron éxito.

Scott trabajaba muy de cerca con el General y lo conocía muy bien para darse cuenta que el General había dejado algo más en Thalos Dos que su misión fallida. Scott tenía las credenciales suficientes para investigar qué había sucedido y por Charlie se enteró de su fracaso en la negociación y su involucramiento con la hija del embajador.

Estudió en secreto por un par de semanas con Sam, quien era un consultor insectoide, experto en genética.

Buscaron qué podía estar causando una degeneración en el ADN de los Thalodianos y encontraron que la causa fue el diseño de los reactores de mercurio, que alimentaban con energía inalámbrica al planeta. Cientos de generaciones atrás, habían descubierto como utilizar energía autosustentable con reactores de mercurio, pero no probaron los efectos secundarios en ambientes controlados antes de utilizarlos en una escala global.

Scott acudió al General Miller y le compartió lo que había descubierto, le mostró los resultados de la genética de los Thalodianos y cómo se había afectado su ADN de manera degenerativa con la contaminación de micro partículas de mercurio en el ambiente, así como los planos del modelo de reactor de mercurio que tenían. Le mostró un plano de los rectores de la Alianza, que eran más eficientes, más sustentables y con cero emisiones.

El General Miller se dio cuenta que con la información que Scott le había dado, no sólo podrían salvar a los Thalodianos para devolverles su fertilidad y darles energía limpia, también tendría un as bajo la manga para negociar la base de la Alianza y de paso tener un pretexto para volver a Narahn.

Al cabo de dos meses los científicos de Thalos Dos habían instalado los seis reactores de la Alianza a lo largo del planeta. Ahora tenían mejoras en el rendimiento y cero emisiones de partículas de mercurio en la atmósfera que rodeaba el planeta y con el paso de las estaciones la neblina que existía en el planeta se desvaneció, dándole un brillo mágico a los bellos paisajes de Thalos Dos.

El embajador Thalodiano agradeció a la Alianza. Se sentía muy agradecido en lo particular con el General Miller. Lo veía como un Thalodiano más, porque su interés de salvar al planeta era mayor al de instalar la base y abrió un espacio en su círculo familiar aceptándolo como compañero de Narahn, desde entonces el General ha estado con Narahn.

El General Miller le juró a Scott que, si algún día llegara a necesitar de él, con gusto la tendría.

Y eso era justamente lo que estaba sucediendo.

La clave

—Muy bien Scott. Soy todo oídos. Explícame. ¿Cómo obtendremos acceso al orbe exactamente? Dijo el General mientras cruzaba sus brazos y se recargaba sobre su escritorio.

—El orbe está en Thalos Dos. Ahí lo reguarde junto con Charlie. Necesito que le pidas al Embajador que te reciba con un comité de tres acompañantes. Estoy seguro que a Narahn le dará gusto verte.

—¿Y qué se supone que les diga?, ¿Por qué me tendrían que acompañar tres personas?

—No puedo ayudarle con eso. Por eso pido su ayuda. Algo se le ocurrirá General.

—Parece que en verdad lo tienes todo planeado. Déjame hacer una llamada, espera afuera por favor. No es tan fácil ir a la casa de mi suegro sin un pretexto.

El General se acercó caminando a la puerta y la abrió.

—General.

—Mayor.

Asintieron con la cabeza y el tono formal regresó de inmediato mientras Scott avanzaba de la oficina a la sala de espera en donde Jack y Sarah lo seguían esperando.

—¿Nos fue tan mal? ¿De verdad pensabas que el General nos ayudaría sólo porque sí?

Jack dio por sentado que todo había salido mal, ya que había tardado incluso menos de diez minutos y le abrió la puerta para sacarlo de su oficina. Ni Sarah ni Jack conocían el acuerdo de Scott con el General Miller, Scott era muy reservado con lo que hacía en sus misiones, siempre había sido un buen soldado y trabajar en inteligencia requería siempre un total hermetismo de todo cuanto se sabe.

—¿Qué sucedió, nos va a ayudar en algo o fue una visita en vano?

Scott seguía serio y no respondió a las preguntas que le hacían. Sólo se sentó con una actitud despreocupada a sabiendas que el General formularía algo para poder viajar a Thalos Dos, además que luego de su regreso no habían sido reinstaurados en servicio y requerían credenciales y accesos para poder utilizar los recursos de la Alianza a los que el programa espacial tenía acceso.

—Tendremos que esperar. Tomen asiento.

Pasaron tan sólo unos segundos cuando la puerta se abrió y el General salió de su oficina. De inmediato Scott, Jack y Sarah se levantaron en posición de firmes mientras el General les hacía una seña para que se pusieran en descanso.

—Empaquen y vístanse, nos vamos en veinte minutos. Debe hacer calor en esta época en Thalos Dos así que lleven un traje de escolta ligero.

El General salió caminando hacia su camarote con una cadencia militar en su andar.

—Supongo que ahora iremos a Thalos Dos con el General. — Jack pensó que había sido engañado — Scott siempre estás lleno de sorpresas, extrañaba estos días

Jack y Sarah fueron al hangar de la flota para esperar al General mientras Scott miraba alejarse al General.

En el hangar, un cadete técnico se acercó a ellos para ponerlos en el manifiesto de vuelo de la nave y darles credenciales y accesos de seguridad. La tableta hizo una lectura biométrica de sus rostros y fue todo.

Subieron a la nave y esperaron al General.

Una vez ingresó el General Miller aguardaron a escuchar el informe y las instrucciones de la misión como era costumbre, ya que el personal de más alto rango tiene a dar el informe en cada misión.

—Firmes soldados. Scott por favor pon al equipo al tanto de la situación. —Dijo el General cediendo el uso de la voz a Scott para que les comunicara el plan, ya que ni el General mismo sabía que sucedería al llegar allá. Él sólo sabía que los tenía que llevar a Thalos Dos y eso estaba haciendo.

—Todos saben cuál es la misión que Charlie nos encomendó, pero para ello, debemos consultar múltiples escenarios que ni yo, ni ustedes, ni la Alianza podemos concebir. Iremos a Thalos Dos en una misión diplomática como acompañantes del General para ver a su esposa Narahn.

—En el informe aparecen como cuerpo de seguridad diplomático. — Expresó el General.

—Y eso es todo lo que haremos, al menos oficialmente. Seremos su cuerpo de seguridad. Nuestra verdadera misión consiste en obtener el Orbe.

El Orbe es un dispositivo tecnológico del tamaño de una pelota de baloncesto, diseñado por distintas razas avanzadas que contiene una inteligencia artificial contenida. Esta inteligencia artificial ha sido alimentada por inteligencias de múltiples razas muy antiguas y recuerdos de millares de inteligencias planetarias. La biblioteca de Alejandría sería un grano de arena en comparación.

Tiene la capacidad de crear simulaciones muy reales de los efectos que siguen a las causas. Está contenida porque puede evolucionar más allá de los planos de esta realidad y podría combinar eventos de otras realidades del multiverso y romper el tejido de las realidades mezclando todo y haciendo un caos mientras se experimenta a sí misma como una conciencia viva. Su belleza es su maldición. El Orbe es tan poderoso para crear escenarios que lo convierte también es un poder destructivo si llega a caer en las manos equivocadas.

Funciona como una bola de cristal, está limitada a existir dentro de sí misma, pero con la capacidad de proyectar telepáticamente. Es tan poderosa que simplemente no debería existir. Pero tampoco puede destruirse.

La Alianza dio un informe universal en donde se les hizo saber que Orbe era custodiado por el Consejo. Nada ni nadie cuestionara esa acción en todo el universo, ni intentaría quitárselos.

—El Orbe está custodiado por el consejo. La Alianza no tiene acceso a él. — dijo Sarah.

—El Orbe está en Thalos Dos, el Consejo pidió a la Alianza que se escondiera en un planeta que estuviera vigilado y que fuera neutral para otras razas, de tal modo que estuviera oculto a plena luz. El Consejo no quería tener acceso a él, y le pidieron a Charlie que lo ocultara. Sólo él y yo sabemos en dónde está, claro y ahora ustedes.

—¿Y por qué Charlie no fue por el Orbe? — dijo Jack confundido, y pensando que habían hecho un embrollo de algo que era muy sencillo hacer. No era necesario haberlo traído de la Tierra si Charlie desde un principio sabía en donde estaba el Orbe.

—Además de que podrían salirse de los límites de una intervención y desobedecer los lineamientos de la Alianza para razas avanzadas, tendría un problema para adquirir el Orbe ya que él me dio a mí para resguardarlo y contenerlo. Está contenido en un reactor de mercurio rojo que se abre con la secuencia genética combinada mía y de Sarah.

Es por ello que nos trajo a ambos, porque yo sabía en dónde encontrar el Orbe, pero Sarah es la clave.

—¿Quieres decir que el contenedor se abre con tu secuencia genética y la de Sarah? —el General parecía muy confundido— ¿Por qué no sólo tomar una muestra de sangre de nuestro banco de muestras de oficiales y resolverlo sin traerlos de vuelta?

—No me refería a nuestra sangre. Me refería a nuestro hijo. —Scott sabía que Sarah estaría confundida.

Hasta ese momento, Sarah había olvidado por completo que estaba embarazada y sufrió un golpe de estrés repentino. ¿Cómo una soldado en una misión tan riesgosa e importante podía estar embarazada? Jack y el General estaban boquiabiertos y atónitos, eso les parecía más extraño que la misión en sí misma.

—¿De qué hablas? —Sarah se sintió perdida y sentía que le habían ocultado muchas cosas.

—Sarah. Antes de terminar nuestro servicio, alrededor de unos tres meses, Charlie se acercó a mí con una misión altamente clasificada de la Alianza. Me pidió ayuda para ocultar el Orbe y asegurarlo.

—Ambos concluimos que debíamos utilizar un candado que utilizara una llave que nadie pudiera tomar en ese momento. Sería guardar una llave para ser usada unos treinta años en el futuro, porque sabíamos que quizás la Alianza querría intervenir entonces.

Sam tenía nuestros mapas genéticos completos y todas las posibles combinaciones de nuestro ADN para el mapa genético de nuestro producto, sin embargo, las posibilidades de secuenciamiento son infinitas y necesitábamos estar seguros. Si alguien llegaba al Orbe necesitaría nuestro material genético para abrirlo, aún con muestras de nuestro ADN no sabrían cómo obtenerlo.

—Es algo práctico, pero hay mucho en juego, debieron involucrarnos. Charlie se toma muchas atribuciones sin tomar a la Alianza en consideración — Dijo el General algo molesto, aunque Charlie estaba mucho más arriba que él en el organigrama de la Alianza, no le parecía el hecho de no haber estado enterado y que Charlie utilizara a su staff para misiones sin su consentimiento.

—Si el Consejo confiara en la Alianza, le hubiera dado el Orbe. — Scott era muy directo al momento de decir la verdad. — El Consejo le dio la misión a Charlie, no a la Alianza.

—Es cierto. —Jack sentía que el enredo comenzaba a tener un poco de lógica.

—En fin. Al termino de nuestro servicio, luego de nuestro regreso a la Tierra, continué con esos sueños extraños. En realidad, Charlie me llevaba a su nave para seguir trazando el plan.

Una noche, después de una plática en la que me insistías con tener una familia, tomé material genético de ambos para crear al embrión, pero con una firma genética que no alteraría el ADN en lo más mínimo. Y pusimos al embrión dentro de ti.

Charlie informó al Consejo que se había resguardado al Orbe y todos los detalles excepto el cambio en la firma de ADN.

—¿En verdad es nuestro hijo? — Dijo Sarah con los ojos vidriosos conteniendo una lágrima, pero tranquila de saber al fin qué había sucedido y cerrar el capítulo misterioso en su vida. Aunque el hecho de haber sido utilizada para concebir a su hijo de esa forma no la tenía muy contenta. Pero sabía que la responsabilidad de Scott era muy grande y gracias a eso, ahora la humanidad tendría una oportunidad.

—Si. Lo será. Y ahora es la clave para poder resolver esta situación. Lo cierto es que Charlie y yo pensamos que no tendríamos que usar el Orbe por lo menos en los próximos treinta años. Pero el juego está en marcha y debemos tomar una decisión. Necesitaremos una muestra de ADN de nuestro hijo, la tomaremos de tu ombligo y será todo. Sabes que no es invasivo y estará bien.

—Tienes una mente retorcida hijo. Usar a tu propia sangre así. — El General era muy ortodoxo y no siempre aprobaba las decisiones de Scott, sin embargo, en táctica y estrategia, simplemente no había nadie mejor.

—Era algo arriesgado, pero se tenía que hacer. Y era una forma de asegurar que hubiera un mundo para que mi hijo pudiera vivir en él.

—¿Y qué pasará en cuanto lleguemos? —Dijo Jack

—Ustedes dos acompañarán al General a visitar la casa del Embajador mientras yo, oficialmente, iré a reconocer el perímetro, pero en realidad iré a buscar el Orbe. De momento necesito tomar la muestra. Sarah, tu eres la experta y necesito tu permiso para ello.

Sarah y Scott fueron a la sala de medicina dentro de la nave para tomar la muestra. Tenían una variedad de dispositivos que podían hacer la misma función, pero cada uno era diferente dependiendo el tipo de tejido o especie que lo usara. Para tomar la muestra usaron un pequeño dispositivo que parecía un termómetro infrarrojo y lo puso sobre el ombligo de Sarah. El dispositivo emitía un delgado haz de luz del grosor de un cabello que abría un pequeño espacio por el que podía pasar una minúscula gota de sangre, es un procedimiento que toma sólo dos segundos y se obtiene una gota de sangre que se deposita en un recipiente que encapsula la muestra.

Terminada la toma, no había rastro alguno, ni dolor, ni cicatriz. Y el embrión no había sentido nada en lo absoluto.

—Scott.

—Lo lamento Sarah. Me habías insistido tanto en una familia. Sé que no te pedí permiso, pero creí que hacía lo mejor. No sólo para la misión, sino para poder salvar el Orbe. Sabía que algún día lo necesitaríamos. Sólo que no pensé que fuera tan pronto.

—Scott. Te amo. Pero esta será la última misión. Voy a ser mamá estés conmigo o no.

—Amo mi trabajo, pero es sólo porque estoy contigo. Sabes que puedo dejar esta vida sin voltear atrás. — Ambos se abrazaron.

—Te prometo que será la última vez que estaremos aquí y nuestra última misión será criar a nuestro bebé. No podría dejarte por quedarme a vivir esta vida.

Salieron del cuarto médico y Scott guardó la muestra en su traje en un compartimento encapsulado herméticamente.

El Orbe

Thalos Dos es un planeta sin igual, es una conciencia viva en sí, que se comunica con sus habitantes.

Tenía hermosos valles donde se concentraban las ciudades. Su vegetación era muy variada con gran diversidad de fauna principalmente omnívora. El clima siempre era agradable, templado, no tenían estaciones ya que su eje no estaba inclinado como en la Tierra, de tal forma que el sol siempre proyectaba la luz de manera directa en su ecuador y disminuía conforme te acercabas a los polos, al mismo tiempo que la temperatura descendía.

Algunos de los parajes más desolados en el norte contenían fallas geológicas. Scott se dirigió a la zona de fallas más profundas en la nave en las coordenadas que sólo él conocía. Sobre una de las paredes de la falla se encontraba un drone autosustentable que proyectaba holográficamente el terreno, su objetivo era cubrir la entrada. Scott lo dejó la última vez que estuvo ahí para ocultar la entrada a la ubicación del Orbe.

De manera remota desactivo la proyección para ingresar en una caverna muy grande, parecía una cueva muy normal, el suelo era de un color café rojizo por la gran cantidad de hierro en ella. La nave cabía perfectamente, sin embargo, no había rastros del reactor u otro objeto ajeno a ese lugar.

Scott se sentó un momento y se quitó el casco y el guante de mano derecha del traje espacial que tenía puesto. Respiró profundamente y pidió al planeta que lo dejara entrar a su interior de manera telepática.

Y como si nada, se abrió una pared y lo dejó ingresar a una cámara más pequeña en donde había flotando el Orbe en medio de un mini reactor de mercurio rojo con antimateria, capaz de explotar a todo el planeta entero si no se abría adecuadamente, o si intentaba moverse de esas coordenadas específicas, para evitar que alguien quisiera abrirlo o llevárselo sin la combinación de apertura adecuada.

En el panel frontal sólo había un pequeño agujero, no había instrucciones, ni teclado, ni hologramas, únicamente una pequeña abertura.

Scott Sacó de la parte lateral de su traje el recipiente en donde contenía la minúscula muestra de sangre.
Esta gota de sangre contenía el ADN con la firma que Scott había programado en el reactor. Era la llave que le permitiría obtener el Orbe.

La firma que grabó en el ADN consistía en una secuencia numérica que representaba los cinco sólidos platónicos: Tetraedro, Hexaedro, Octaedro, Dodecaedro e Icosaedro.

Era la secuencia de las fórmulas que medían el volumen de los sólidos. En la firma de ADN aparecen como números aleatorios o una falla en el entrelazamiento alfabético del genoma A, C, G y T.

Scott pensó por un momento que ya no había marcha atrás, tenía que acudir al Orbe, porque él no tenía idea de qué era lo que se tenía que hacer.

Finalmente dejó de ver la muestra en su mano y se acercó al reactor y lentamente dejó caer esa pequeña gota de sangre.

El dispositivo de contención comenzó a decodificar la secuencia e identificó uno a uno los cinco valores en la firma del ADN. Validando así el código de acceso para abrir el reactor.

De inmediato el mercurio rojo comenzó a tomar forma esférica en la parte inferior del Orbe, mientras que el orbe ascendía por el reactor hacia otra compuerta por donde se podría retirar fácilmente y sin ningún peligro, desactivando así el reactor, haciéndolo completamente inofensivo.

Scott tenía el orbe en sus manos y no vaciló en utilizarlo e inmediatamente se enlazó telepáticamente con el dispositivo. Quien en menos de un segundo había leído toda su vida actual y vidas pasadas de la memoria de su ADN.

No tuvo que preguntar nada, ya que el Orbe leyó de inmediato todo su plan, sus intenciones y su objetivo durante el enlace telepático que duró un nanosegundo.

El Orbe proyecto a Scott imágenes terribles de lo que sucedería si colapsaba el sistema económico repentinamente.

Uno a uno le fue mostrando los escenarios de la Alianza y ninguno parecía tener sentido como una forma de rescate o despertar de la humanidad, por el contrario, parecía escenarios apocalípticos. Como si alguien quisiera inducir el fin de la humanidad. El Orbe le estaba mostrando que ninguno de los escenarios tenía un desarrollo positivo para el despertar de la humanidad.

De pronto hubo una pausa y la inteligencia artificial se sintió muy interesada en la humanidad misma, después de ver todo lo que pasa en la humanidad, cómo funciona, y que no se parece a ningún organismo natural. Se dio cuenta que son organismos que no funcionan colectivamente, que adaptan el entorno así y no se adaptan al entorno, que se lastiman a sí mismos constantemente con vicios innecesarios, que no aprenden las lecciones del pasado y que son incomprensibles para más de una raza. No entendía porque querían ser salvados o cuál sería el beneficio para el colectivo universal del cosmos si fueran salvados.

De pronto, flotando en medio de sus pensamientos como una revelación en la mente de Scott se encontraba su hijo. La inteligencia artificial intentó procesar con toda su capacidad el amor hacia un hijo y se dio cuenta que no podía comprender qué era, y cómo podía llevar a un humano a dar su vida por ese amor, más allá de cualquier

IA, el Orbe pudo sentir esperanza, porque en algún momento podría sentirla.

Scott y Sarah habían hecho algo similar de manera muy primitiva con otra raza en el pasado, la I.A. continuó su trabajo para terminar la codificación a un modelo que fuera compatible con su programación y todo cuanto existe en el Orbe se llenó de amor. Y se experimentó a sí misma como una conciencia llena de amor que abrazaba su propia existencia.

El regalo de poder sentir amor fue más grande que todo el conocimiento acumulado en su maquetación artificial. En un nanosegundo procesó escenarios posibles en este y otros universos para saber qué se debía hacer para retirar el poder de los Reptilianos en la tierra. Y sin más lo proyectó en la mente de Scott. El Orbe amaba tanto que buscó una solución que no terminara con la humanidad, ni con los Reptilianos, únicamente le mostró una singularidad que beneficiaba a todos.

El Orbe le dio las instrucciones para ir a la Tierra a un punto muy específico del Tíbet en donde existe un punto energético para conectarse con el planeta tierra de una forma olvidada. Es un lenguaje del cosmos. El principio es muy similar a la armonía de las esferas, un antiguo principio griego de la escuela pitagórica, que se basa en la idea de que todo el cosmos está gobernado según proporciones numéricas armoniosas y que el movimiento de los cuerpos celestes se rige según las proporciones musicales; las distancias entre planetas corresponderían, a los intervalos musicales. Y cada cuerpo celeste tiene una frecuencia vibratoria que, en el espacio, resuena de manera armónica como música viajando sobre el éter.

Cada clúster, nebulosa, galaxia y sistema planetario tiene su propia composición musical particular. Así que, tomando la composición planetaria y haciéndola resonar al interior de cada esfera, es posible inducir la apertura de los centros energéticos de ese organismo planetario y así liberar un choque de conciencia hacia todos sus elementos internos, incluyendo sus habitantes internos y externos.

Scott sabía que tenía que replicar la frecuencia planetaria en el interior de las coordenadas en el Tíbet para poder abrir los chakras de la tierra y poder enviar un choque de conciencia a la tierra. Ahora necesitaba saber cómo so obtiene esa frecuencia y cómo la puede reproducir hacia la tierra.

Y de pronto otra proyección surgió en su mente.

Le fue mostrado a Scott la entrada al interior de la tierra, en donde una raza avanzada de reptiles humanoides habita. Esta raza tiene millones de años viviendo al interior de la tierra, es una raza de dinosaurios evolucionados que encontró acceso al interior del planeta durante las glaciaciones. Gracias a ello sobrevivieron a los cataclismos del pasado. Ellos tenían la clave, porque esa frecuencia resuena aún en el interior, en el chakra inferior y central de la tierra.

Scott sólo tenía que ir al interior de la tierra por la frecuencia y llevarla al Tíbet. Aunque era un plan sencillo, no dejaba de ser un plan descabellado.

Scott volvió a introducir el Orbe en el reactor de mercurio rojo por la compuerta superior. Lentamente comenzó a descender hacía el vacío y se posicionó en el centro del contenedor. De inmediato el mercurio rojo se activó envolviendo al Orbe. Era hora de irse. Scott salió de la cámara y agradeció a Thalos Dos su hospitalidad y caminó hacia la nave mientras la compuerta de la cámara se cerraba a su espalda.

Scott se dirigió a la casa del Embajador en donde paseaba Narahn y el General mientras que Jack y Sarah permanecían en el perímetro en un planeta que no representaba absolutamente ninguna amenaza, sin embargo, tenían que cubrir las apariencias.

En cuanto llegó Scott, el General se despidió de Narahn y le informó que tendría que regresar a la base, pero que en una semana podría visitarla nuevamente.

El General subió a la nave acompañado de Sarah y Jack y caminaron hacia el puente.

Narahn sabía que había algo más en esa visita. Además, que el General no la visitaba entre semana, era muy extraño que llevara escolta y que Scott no hubiera entrado a la casa. Narahn le tenía mucho cariño a Scott, ella conocía la historia completa de su intervención salvando a su raza, el General le había contado todo años atrás.

Fue ella la que le enseñó a Scott a comunicarse con el planeta en una de tantas visitas para ajustar los reactores de la Alianza y crecer los vínculos diplomáticos.

Pero confiaba tanto en Scott que sabía que no habría nada malo en su visita y decidió no decir nada a su padre sobre ello, además seguro el General sabía que estaba sucediendo y tampoco lo permitiría. Él era ahora un Thalodiano.

La misión

Scott los esperaba en el puente de la nave mientras regresaban a la base para dejar al General y continuar con la misión. Actualmente ya contaban con permisos y accesos de seguridad para poder tomar una nave de la base, gracias a la ayuda del General.

—General. Gracias por hacer posible esta visita. Creo tener lo que necesito para ejecutar el plan. Lo dejaremos en la base y continuaremos. Tenemos una nueva misión.

—No creo haber sido de gran ayuda, siento que aún te debo más — El General imaginó por un momento que habría más acción en esta aventura, sin embargo, ignoraba completamente lo que sucedió una hora antes. — Si necesitas algo más sabes que puedo ayudarte.

—General. Siempre es un honor servir con usted.

En minutos llegaron a la base. La nave utiliza saltos cuánticos en el espacio doblando el tejido del espacio-tiempo sobre si para crear un portal entre dos puntos alejados entre sí. Para viajar a quinientos años luz, no es necesario viajar a la velocidad de luz por quinientos años, ocho minutos son suficientes para el viaje.

Una vez en la base, el General se despidió de ellos ý regresó a sus tareas habituales. Sin embargo, el General pidió a Coronel Dennis que siguiera los pasos de Scott para ver que estaba tramando. No se quedaría de brazos cruzados, hablando del destino de la humanidad. Si la Alianza no intervenía, él si lo haría.

—Partiremos a la Tierra en cinco minutos. Scott le informó a Jack para que pudiera preparar lo que pudiera necesitar.

Jack salió de la nave y se dirigió a su camarote para quitarse su traje de centinela y cambiarse a un traje táctico. Sarah se quedó a hablar con Scott.
—¿Encontraste lo que buscabas?

—Encontré más que eso. Ya sé lo que debemos hacer. — Su tono de voz se pronunció más bajo y exhaló fuertemente. — Pero tú no puedes acompañarnos. Te necesitaré en la nave como apoyo en caso de extracción. Si algo llega a salir mal, tendrás que irte y decirle a Charlie que debe usar la frecuencia planetaria para abrir el corazón de la tierra y liberar a la humanidad. Iremos a buscarla al centro de la Tierra, tendremos que grabarla y reproducirla en cada uno de los centros energéticos del planeta.

—¿Qué sucederá?, ¿Por qué algo habría de salir mal? — Sarah pensó que

—Jack y yo iremos a ver a la raza de Saurios en Agartha, y no espero tener a un comité de bienvenida a nuestra llegada. — Scott sabía que no eran fans de la humanidad, por todo el daño que le hacían al planeta.

—El General nos ofreció su ayuda, podemos ir con él y... — Scott interrumpió a Sarah.

—Ahora sólo tú sabes lo que el Orbe me mostró, nadie más. Y así debe ser. Si los Reptilianos lo averiguan, podrían eliminar esa frecuencia del centro de la tierra y sería el fin no solo de la humanidad, también de los Saurios y todo tendría que volver a comenzar.

—¿Y si informamos al Consejo?

—Nosotros no podemos hablar con ellos, Charlie lo hace porque es un ser multidimensional. Y no podemos decirle a Charlie porque los Reptilianos tienen comunicación con facciones de reptoides en la Alianza y Charlie siempre está acompañado.

El Consejo está conformado por siete frecuencias que se comunican en todos los planos de existencia. Para ellos no existe ni bien ni mal. Están más allá del tiempo y las dualidades. Esto les parece una trivialidad absurda que no requiere intervención.

—Si Charlie nos llamó, es porque era la única manera de hacer algo.

—Lo sé. Pero no quiero perderte.

Jack entró a la nave nuevamente vestido con un traje táctico y equipado con armas ligeras de plasma y camuflaje térmico.

—¿Interrumpo algo?

—No. Ya es hora de partir. — Sarah hizo un gesto con la boca en señal de desaprobación, sin embargo, jamás cuestionaría a un Mayor, pero su confianza en Scott era absoluta.

—Mayor. Espero estar vestido adecuadamente para la fiesta. — Jack no podía esperar para iniciar la misión, fuera lo que fuera.

—Iremos a Agartha a reunirnos con los Saurios. Necesito pedirles algo.

—Excelente. Entonces si voy bien vestido. — Jack hacía el comentario de manera sarcástica, sólo esperaba que no fuera el único soporte de Scott, esperaba que un escuadrón los acompañara, porque entrar solos, sería un suicidio.

—No iría con nadie más a Malibú. — Scott sonrió como pocas veces lo hace.

—¿Es broma, cierto? — Jack había querido usar los acuíferos de la Tierra, pero nunca había tenido la oportunidad.

—No. — Scott movía su cabeza mientras ingresaba las coordenadas en la pantalla. 33°59'08.0"N 119°02'03.7"W. — Entraremos por aquí.

El monitor mostraba un acceso en medio del mar, con el mapa en modo satélite, se podía ver claramente el acceso a los acuíferos. En una estructura de plataforma sostenida por columnas frente a las playas de Malibú.

—Vamos viejo. ¿Por qué no entramos por los polos? — Jack sabía que el acceso más rápido y con menor resistencia era por los polos.

—No debemos ser vistos, tomaremos la ruta panorámica.

Las naves de la Alianza no emiten ruido, ni firmas de calor, tienen su propio campo gravitacional. Pueden estar en el espacio y moverse a través de elementos acuosos y gaseosos en la galaxia. Únicamente no pueden atravesar el plasma.

Pueden ser vistas identificadas en Tierra por el desplazamiento en las nubes cuando van por aire o el desplazamiento del agua cuando van por medios acuosos, ya que dos cuerpos no pueden ocupar el mismo lugar al mismo tiempo, en esta dimensión, nadie escapa a la física. Así que si un submarino estuviera cerca con un sonar o si tuvieran un sistema de boyas que miden el desplazamiento de agua, también podrían ser detectados. En cuyo caso, no habría problema ya que la tecnología militar de la tierra no es tan avanzada como la del programa espacial.

—Nos van a detectar. Lo sabes. — Jack sabía que la milicia los detectaría con los sistemas de boyas marinas desplegados sobre el litoral pacífico.

—Si. No me preocupan los militares. Me preocupan los Saurios. Ellos saben que los humanos no son tan estúpidos como para entrar por la puerta trasera. Y eso es justo lo que vamos a hacer.

—Y pensar que estaba a punto de retirarme. — Comenzó a sonreír y cargar su arma — No hay nada mejor que mi trabajo.

Entraron por la gran plataforma de acceso y de inmediato un interceptor de la marina se acercó, dos aviones cazas F22 Raptor y un F-35A Lightning II iniciaron un vuelo de reconocimiento en dirección a Malibú. Mientras tanto el destructor clase Zumwalt que se encontraba en el pacífico se dirigía a la bahía de Monterrey.

Todo este desplazamiento de recursos militares para nada, tan pronto estuvieron en posición, la nave ya estaba tres kilómetros adentro y continuaban descendiendo.

Al llegar a una profundidad de tres mil kilómetros se encontraron con una membrana que separaba el agua del mar con la atmósfera de Agartha.

Al bajar en la nave los estaba esperando un grupo de Saurios que no mostraban comportamiento bélico. Estaban desarmados y dispersos. No parecían una amenaza aparente.

Los Saurios eran una especie humanoide con piel gruesa y rasgos de dinosaurio, particularmente como veloci-raptores. Medían aproximadamente dos a dos metros y medio, su cola se extendía hasta dos metros detrás de sus cuerpos.

Uno de ellos se acercó directo a Scott, con el brazo extendido en dirección le indico que debían subir hacia algo parecido a una barca flotante. Scott y Jack subieron sin titubear.

—¿Y ahora qué? — Jack estaba lleno de adrenalina y dispuesto iniciar una batalla. Portaba su traje táctico y su arma de plasma favorita.

Esa arma podía lanzar metal derretido a una velocidad de dos mil metros por segundo en comparación con una bala tradicional que viaja a trescientos cuarenta metros por segundo. El daño del arma plasma es impresionante, además de tener una gran velocidad que puede atravesar corazas metálicas incinera todo lo que atraviesa al momento.

—Parece que nos estaban esperando. — Jack no dejaba de ver la nave mientras Sarah subía hasta llegar al túnel acuífero por donde entraron. Tan pronto Sarah dejó de ser visible Scott se enfocó en la misión. — Seguiremos el juego y veremos qué sucede.

Un Saurio de casi tres metros los esperaba en la parte alta de un hermoso valle con una vista majestuosa hacia la espesura en donde pequeñas criaturas de apariencia agresivas cohabitaban armónicamente en ese ecosistema.

—Humano. ¿Qué buscas aquí? — El Saurio se comunicó con telepáticamente con Scott con un sonido grave pero sereno y pacífico. No se sentía agresión en la comunicación.

—La humanidad necesita ser rescatada y necesita conectarse con la tierra otra vez. Y ustedes pueden ayudarnos. Los Reptilianos están...

El Saurio extendió su mano con sus largos falanges con garras para que Scott dejara de hablar.

—Humano. Nosotros no tenemos por qué ayudarlos. ¿Por qué quieres salvar a la raza humana? Ellos no han pedido ser salvados. Parecen estar muy cómodos con su estilo de vida. Tu no representas a siete mil quinientos millones de almas.

Los humanos se están extinguiendo porque han perdido el camino. Cinco razas han caminado por el mundo y no se han podido adaptar. Los hemos observado por millones de años y no creemos que puedan evolucionar, incluso esos Reptilianos de los que hablas, los han modificado genéticamente para darles un salto en su evolución y no ha sido suficiente. Tienen una tendencia autodestructiva que no es de mi interés.

Nuestra raza no puede permitir es que sigan matando al planeta, hemos sido muy claros con sus gobiernos respecto al uso de armas nucleares y durante un tiempo entendieron el mensaje, pero ahora han vuelto a hacer experimentos con esas armas, están llenando de plásticos los mares. Lo único que van a lograr es su propia destrucción y nuestro descontento.

Los esperábamos porque recibimos un mensaje del Orbe. Nos mostró colectivamente un mensaje, nos dijo que vendrías a salvar a nuestro mundo, jamás nos dijo que vendrías a salvar a aquellos quienes lo están destruyendo.

Lo siento. No los ayudaremos.

Agartha es el lugar al que los chamanes viajan por cuarenta días y regresaban completamente iluminados, y la razón es que esta particular vibración de la tierra permite armonizar a los seres con el planeta en la misma frecuencia. Los Saurios han traído humanos por generaciones, muchos iluminados han salido, sin embargo, no se ha dado un cambio radical en la humanidad.

Scott guardó silencio por unos segundos. Entendió entonces lo que el Orbe había hecho y lo que tenía que hacer. El Orbe le había mostrado el camino, pero no le había dicho qué hacer.

—Tienes razón. No deben ayudar a la humanidad. No tienen por qué salvarnos. En verdad no lo merecemos ahora. Pero alguna vez si lo merecíamos, si éramos dignos de caminar junto a ustedes, si coexistíamos como razas en un mismo lugar. El planeta es un desastre, no lo puedo negar.

Pero la humanidad ha sido intervenida, está distraída. Allá arriba son muy pocos los que saben de su existencia, incluso de este lugar.

El planeta es el necesita ser salvado. Es la única verdadera víctima en esta historia. Su energía no es la misma, su nivel de conciencia está contenida y eso no ha permitido que la raza humana florezca y de cierto modo, los afecta a ustedes como raza.

—Antes podíamos volar, podíamos alimentarnos del prana, de su energía y ya no más por sus acciones humano. Eran nuestros años dorados que ahora van en decadencia.

—Y acaso no quisieran volver a vivir sus años dorados. Reestablecer el plan de luz en la tierra.

—¿Estás hablando de la Gran Invocación? ¿Cómo te atreves? Tú no eres un maestro.

—El Orbe me mostró que tú sí. Y lo acabo de confirmar, tú sabes que hay un propósito: El propósito que los Maestros conocen y sirven

Cuando Scott comenzó a hacerse amigo de Charlie, le habló sobre la gran invocación un código insertado en el tejido de materia con el que se comunican seres entre dimensiones. Diferentes culturas lo han enseñado de boca a oído por generaciones, Alice Bailey la dio a conocer recientemente en abril de 1945 en un mensaje para todas las personas de buena voluntad.

—¿Quién te dijo eso?

—Charlie.

—Lo conozco muy bien. Él es un verdadero amigo de la tierra. — El Saurio gruño y volteo a ver a otros saurios detrás de ellos. Se comunicaban telepáticamente — Sigo pensando que no debemos ayudarlos. Pero ayudaremos a la Tierra.

Los Saurios con los que estaban cerraron sus ojos y de pronto se pudo escuchar un pequeño zumbido que iba incrementando su intensidad en una vibración fuerte y audible en toda la atmósfera de ese lugar.

Esa frecuencia tenía un efecto muy reconfortante, reparador y energizante. Scott y Jack se sintieron como si les hubieran inyectado una dosis de adrenalina en el corazón, su energía tenía niveles que sus cuerpos no conocían, su mente tenía tanta claridad que podían pensar de manera muy ordenada sin ruido y caos en sus mentes, ahora entendían el principio de la mente en blanco, acallando las voces de la mente.

—Esta es la resonancia de la Tierra, armoniza con la frecuencia de nuestro sistema planetario. Los humanos ya no la escuchan porque los centros energéticos en la superficie se han cerrado.

Puedes grabar esta frecuencia, pero no sé qué harás con ella. No bastará con que proyectes el audio en sus ciudades. La Tierra necesita vibrar con esa frecuencia. Y con eso no podemos ayudarlos, aunque quisiéramos, porque no sabemos cómo hacerlo.

—Yo me encargo de ello. —Scott parecía tener todo un plan, sin embargo, todo surgía de manera espontánea y el sólo se adaptaba a las circunstancias. — En verdad has hecho mucho por ayudar al planeta.

—Humano. No regresen. A menos que hayan cambiado.
—¿Sarah puedes acercarte en la nave a mi ubicación?

Sarah sintió un gran alivio al recibir la llamada de Scott por el comunicador. Y rápidamente se puso la nave en dirección hacia su locación.

—Scott. Ya estoy llegando.

—Sarah por favor graba esta frecuencia.

—¿Qué frecuencia Scott?

—¿No la puedes escuchar? —Jack se veía muy sorprendido de que no pudiera escuchar ese sonido.

Sarah descendió la nave para recogerlos y tan pronto la nave toco tierra comenzó a sentir la vibración y la frecuencia. Sarah también tuvo esa hermosa sensación en recorriendo todas las células de su cuerpo. Como un abrazo reparador que corrige todo lo que pudiera estar fuera de lugar y de pronto sintió una extraña conexión entre su corazón y su plexo solar. No pudo contener esa sensación y de inmediato rompió en llanto.

Tardó un par de segundos en reincorporarse y reponerse. Inició la grabación de la frecuencia por unos treinta segundos y detuvo la grabación.

Jack y Scott entraron en ese momento en el puente de la nave y la vieron llorando. Ambos se preocuparon y mientras Scott corría a levantarla, Jack tomó su arma y comenzó a buscar una amenaza en la nave. No era normal que una Sargento del programa espacial se pusiera a llorar en la mitad de una misión, sin importar lo mal que pudieran estar las cosas.

—Sarah. ¿Qué sucedió? — Scott buscaba una respuesta rápida a la situación y por un momento olvidó la grabación de la frecuencia — ¡Contéstame!
—Estoy bien. — Sarah soltó una pequeña sonrisa mientras se limpiaba las lágrimas — ¿Ustedes pudieron sentir lo que la frecuencia hace?

—Si. Pero no estamos llorando como colegialas. — Jack tenía siempre un repertorio de frases disponibles para cualquier ocasión. — Pensé que un Saurio había entrado a la nave.

—Me sentí muy bien, con mucha energía y paz en mi interior. No recuerdo haber tenido antes esa sensación. Lo estaba disfrutando plenamente, y luego sentí como si mi corazón se abriera y se comunicara con nuestro bebé. Y sentí su amor.

—Ok. Eso, definitivamente no lo sentimos ninguno de los dos. — Jack rompía el momento con otra maravillosa frase inoportuna.

Scott abrazo a Sarah y le ayudó a ponerse de pie.

—Ya tengo la grabación. Vámonos.

Scott recordó de pronto el objetivo de estar en ese lugar y se sintió aliviado de saber que Sarah pudo realizar la grabación.

Sarah sabía que tenían que continuar con la misión. Sin embargo, no quería dejar de sentir ese estado de confort. Y miro sus manos sobre su vientre unos segundos mientras la nave se elevaba.

Durante las tres horas que estuvieron en Agartha, los militares tenían sitiados el acceso frente a las costas de Malibú.

Scott se dio cuenta de ello y decidió regresar sobre acuífero interno para salir por la falla en la bahía de Monterrey, pero al llegar ahí también los estaban esperando. Tan pronto se aproximaban a la salida pudieron ver que no estaban solos al exterior y de pronto, como por arte de magia, todas las aeronaves, barcos y submarinos se replegaron en un santiamén dejando los accesos libres y sin testigos.

Salieron del mar con su tecnología de camuflaje y desaparecieron sin dejar huella. Mientras se dirigían a su próximo destino escucharon la voz del General en el comunicador.

—Los tenían acorralados como conejos. Les mandé un poco de ayuda allá abajo.

El General Miller había llamado a un alto mando en la Fuerza Aérea de los Estados Unidos reportando la nave en cerca de la costa de San Francisco. Todos los recursos se movilizaron ya que el General Miller mantiene una buena relación con el Comandante de la Fuerza Aérea en la Tierra.

—Gracias General. Le debemos una. — Jack usaba su tono de sarcasmo, haciéndole saber al General que no había sido gran cosa. A Jack le disgustaba que no había tenido que usar su arma durante la misión.

En segundos estaban flotando sobre una montaña en el Tíbet. No hace falta decir que era un ambiente frío, inhóspito y desierto. Pero el Orbe los había llevado hasta ahí.

Scott descendió de la nave listo para continuar. Tenía la grabación y puso su bocina portátil sobre la tierra y reprodujo el sonido sin ningún efecto.

Intentó reproducir el sonido en el interior de la nave a todo volumen con las compuertas abiertas y la nave fija a en el piso. Tampoco tuvieron suerte.

Se quedó pensando un momento en qué estaba haciendo mal. Recordó que mientras estaban con los Saurios todo comenzó con un pequeño zumbido y poco a poco se fue incrementando. Y de inmediato le vino a la cabeza una idea descabellada. Entró a la nave y se dirigió a la cámara de impresión 3D.

En tan sólo tres minutos había impreso una réplica funcional del oscilador electromecánico de Nikola Tesla. La Alianza tenía una versión más eficiente, pero con el mismo principio. El oscilador de Tesla era conocido como la máquina de terremotos ya que él aseguró que había causado el terremoto en Nueva York 1898.

El dispositivo de Tesla era del tamaño de una mancuerna de pilates y generaba una oscilación equilibrada para generar una vibración ascendente. Ahora bien, el dispositivo que Scott modeló era un oscilador que funcionaba con electro-magnetismo en vez de vapor y se podían configurar los niveles de oscilación. La computadora de la nave realizó los cálculos para convertir la frecuencia en niveles oscilatorios y fue cargado en el dispositivo.

Este oscilador electro-magnético fue puesto sobre el suelo y lo puso a funcionar de manera remota. Todos subieron a la nave y esperaron.

—Esto tiene que funcionar. — Scott contuvo la respiración mientras situaba ese pequeño objeto sobre el suelo

—Va a funcionar — Sarah se veía convencida con el plan de Scott

—Por la humanidad, por la tierra. — dijo Jack con un sarcasmo evidente. Pensó que eso no funcionaría y que probablemente debían traer a algún asesor experto de la Alianza

—Por la humanidad — Scott aun con el sarcasmo de Jack, sabía que su plan funcionaría. Tenía que funcionar.

La máquina comenzó sutilmente sus movimientos oscilatorios aparentemente arrítmicos. Y gradualmente fue ganando velocidad y la oscilación sucedía en intervalos más cortos. Comenzaron a sentir nuevamente esa sensación en sus cuerpos de forma progresiva. Parecía que lo estaban logrando después de todo.

Sarah se sentó en el suelo con una mano sobre su vientre y Jack y Scott se dejaron llevar por esa indescriptible y abrazadora sensación de paz.

Cuando el oscilador llegó a la frecuencia programada un temblor comenzó a sentirse a lo largo de toda la montaña.
Los mojes budistas de inmediato pudieron percibir la energía emanando de la montaña y aquellos que estaban meditando despertaron de inmediato y todos se juntaron en la plaza.

Tan solo bastaron quince minutos para que la frecuencia abrazara la tierra. En cuanto Scott retiró el artefacto notó que la vibración no se detenía.

Scott subió a la nave a abrazar a Sarah y se alejaron en la nave hacia la nave que orbita la tierra en donde se encontraba Charlie.

El resonar de Agartha

Los Saurios no estaban convencidos de que la ayuda que habían dado a Scott le fuera de utilidad, sabían que el sonido propagado por la tierra no podía inducir la apertura de los centros energéticos, porque ellos mismos lo habían intentado en el pasado. Obviamente los resultados no habían sido positivos.

De lo que si estaban seguros y convencidos es que sería la última vez que ayudarían a la humanidad.

Estaban dispuestos a coexistir con ellos siempre y cuando respetaran al planeta Tierra como un lugar sagrado que les provee vida y abundancia, pero si no conseguían elevar su conciencia sobre sí mismos y el planeta, los dejarían extinguirse a sí mismos.

Los Saurios disfrutaban contemplar la naturaleza y convivir con las múltiples criaturas a su alrededor. Paradójicamente, tenían como mascotas unos pequeños primates muy graciosos, similares al mono capuchino, sólo que eran completamente negros y con una cola más corta.

Al poco rato después de la partida de los humanos en el interior de la Tierra, el maestro Saurio se preguntaba si había hecho lo correcto. Su rencor hacía la humanidad era algo que había crecido por milenios, ya que no todas las razas de la humanidad, incluida la actual con trescientos mil años en el planeta, habían podido armonizar en su entorno. Eran unos vecinos realmente fastidiosos. A final de cuentas él era un maestro y tenía que apoyar al planeta, pero debió apoyar a la humanidad.

Lo pensó mientras veía a su mono y se daba cuenta que no era un ser evolucionado, era sólo un pequeño ser con vida experimentando. De forma natural le tomaría millones de años llegar a donde la humanidad está en términos de evolución, claro que la humanidad ha tenido un poco de ayuda.

Si debía ayudar o no a la humanidad es algo que ya carecía de importancia. Los humanos se habían ido y Scott parecía tener un plan. Sólo esperaba que no hiciera algo que dañara más a la Tierra, por un momento se cuestionó si lo que había hecho podría resultar contraproducente y pusiera en riesgo su propia existencia y la de toda su especie.

—¿Qué pasaría si hace algo mal? Le hice caso a una conciencia que desconozco en su totalidad.

El Orbe se enlazó con ellos mientras Scott tenía las proyecciones de la forma de despertar los centros energéticos de la Tierra, y les dijo que sería visitado por humanos para que juntos pudieran salvar al planeta.

—Tal vez los humanos son tan avanzados que ahora les es posible comunicarse con nosotros. — pensó para sí mismo. — Si es así, le dimos nuestra frecuencia. Nuestro secreto más preciado.

—Charlie los envió. En todo caso son emisarios de buena fe. ¿No lo crees?

Un Saurio con apariencia de pterodáctilo se comunicó con el maestro Saurio haciéndole ver que eran enviados por Charlie, quien había demostrado a lo largo de eones demostrar que era un amigo de la Tierra y otros planetas más.

El maestro de los Saurios pensó que no tenía trascendencia pensar en ello. Todo es perfecto y todo es como debe ser. Así que el destino de la humanidad, tendría que estar en manos de la humanidad misma. Un maestro cumple sólo con mostrar el camino, el aprendiz deberá caminarlo solo para convertirse en maestro algún día.

Mientras reparaba en la verdadera intención de Charlie, el centro de la Tierra comenzó a iluminarse un poco más, y un fuerte viento recorrió el ambiente agitando los árboles y toda la vegetación. Las aves volaban sin rumbo, tratando de mantener el vuelo.

De pronto todo se detuvo y ya no había vibración ni sonido alguno. Incluso los animales permanecieron inmóviles.

El maestro Saurio se levantó de su silla y se dirigió afuera de la cueva que habitaba junto con su consejero con forma de pterodáctilo.

Al mirarse, ambos presintieron lo peor. Cuando comenzaron a sentir en su interior un cosquilleo en la planta de sus escamosos pies subiendo hasta su corinilla.

La vibración había regresado lentamente, pero esta vez lo hacía como había sido desde un principio.

Agartha resonó plenamente.

Los Saurios rugieron y los animales estaban rebasados por un frenesí de alegría, las plantas bioluminiscentes comenzaron a liberar partículas luminosas hacia el ambiente mientras sus colores se encendían aún más.

El consejero del maestro Saurio extendió sus alas e instintivamente comenzó a volar. Los Saurios del aire habían perdido su capacidad de vuelo no solo por la disminución en el tamaño de sus alas, dado que la evolución les dotó de mayor movilidad con las piernas, sino también por los cambios de la gravedad que generó la luna.

Luego de volar alrededor de la cueva, el consejero aterrizó junto al maestro Saurio.

—Lo han logrado. Al fin la Tierra volverá a su plenitud.

—Eso me temo. Lo han logrado. Y ahora los Reptilianos van a tomar acción.

Esta historia continuara…

***

www.ingramcontent.com/pod-product-compliance
Lightning Source LLC
Chambersburg PA
CBHW030615130626
46552CB00002B/578